Erwin Neu

Wir Kinder des Urknalls

vianova
Verlag Via Nova

Erwin Neu

Wir Kinder des URKNALLS

Die Evolution lehrt ein
neues Welt- und Gottesbild

vianova
Verlag Via Nova

1. Auflage 2011

Verlag Via Nova, Alte Landstr. 12, 36100 Petersberg

Telefon: (06 61) 6 29 73

Fax: (06 61) 96 79 560

E-Mail: info@verlag-vianova.de

Internet: www.verlag-vianova.de / www.transpersonale.de

Umschlaggestaltung: Guter Punkt, München

Satz: Sebastian Carl

Druck und Verarbeitung: Fuldaer Verlagsanstalt, 36037 Fulda

ISBN 978-3-86616-192-4

Danksagung

„Leben kann man nur vorwärts,
Leben verstehen nur rückwärts."

S. Kierkegaard

Dieses Buch ist allen ***gewidmet,*** die auf der Suche nach Antworten auf wichtige Fragen des Lebens und des Glaubens sind: sei es in der Familie, im Freundeskreis, in der Erwachsenenbildung, im Religionsunterricht oder in der Verkündigung.

Wir alle sind fragende und suchende Menschen, wie auch jene Naturwissenschaftler, die uns in diesem Buch durch ihre persönlichen Antworten selbst eigene Antworten ermöglichen.

Danken möchte ich all jenen Menschen, die mir nach Vorträgen und Tagungen Mut gemacht haben, das neue naturwissenschaftliche Weltbild und die Konsequenzen daraus für eine zeitgemäße Welt- und Glaubenssicht in einem Buch zu veröffentlichen.

Mein Dank gilt unserm Freund, ***Prof. Dr. Fritz Köster,*** der sich viel Zeit genommen hat, um mit uns gemeinsam auf dem Hintergrund naturwissenschaftlicher Erkenntnisse den christlichen Glauben neu zu bedenken, und bereit war, durch sein ***Vorwort*** eine wertvolle Einführung in dieses Buch zu geben.

Ein besonderer Dank gilt ***meiner Frau Vera,*** die sich seit vielen Jahren mit den Gedanken dieses Buches auseinandersetzt und mir in unzähligen Gesprächen wertvolle Hilfe geschenkt hat.

Nicht zu vergessen ist der Verlag Via Nova – insbesondere der Verleger, Herr ***Werner Vogel,*** – der die Veröffentlichung dieses Buches ermöglichte.

Via Nova – ein neuer Weg,

- die Welt mit anderen Augen zu schauen,
- die Entstehung und Entfaltung des Lebens neu zu bedenken,
- das Geheimnis des Göttlichen im Menschen und in der Natur neu zu erahnen.

Inhalt

Prolog: Worauf es ankommt

Vergessen Sie nie: „Das Leben ist eine Herrlichkeit!“ – Man kann lange über die Fragen nachdenken, wen Rainer Maria Rilke mit diesem Satz anspricht, welche Situation er im Blick hat. Wohl kaum die Lage von Menschen, die – von der abendländisch-christlichen Vergangenheit geprägt – heute vermehrt mit naturwissenschaftlichen Erkenntnissen konfrontiert werden. Der erlebte Umbruch der Zeit, die Umwertung oder Abwertung vieler Werte und liebgewordener Traditionen führen nicht dazu, dass das Leben eine Herrlichkeit ist; führen eher zu Reaktionen der Ratlosigkeit und Frustration. Christen müssen sich mühsam daran gewöhnen, dass es am Anfang keine Schöpfung gegeben hat, wie es die Bibel berichtet, sondern einen Urknall. Es gab kein Sieben-Tage-Werk, kein Paradies, nicht Adam und Eva, nicht Kain und Abel... Das, was sich die Menschheit in Mythen und Erzählungen ein paar tausend Jahre lang weltanschaulich zurechtgelegt hat, zieht nicht mehr. Vielen droht dabei eine Welt zusammenzubrechen.

Der Verfasser dieses Buches hat sich bei allen Irritationen nicht entmutigen lassen. Er ist sein Leben lang naturwissenschaftlichen Erkenntnissen hartnäckig auf der Spur geblieben. Er hat wundersame Dinge dabei entdeckt. Das Überraschendste für jeden Leser wird es sein, dass es „die Materie“ im eigentlichen Sinne gar nicht gibt. Schon das kleinste Atom besteht aus Elementarteilchen, die sich um eine Mitte – den Kern – bewegen. Es stellt ein „Sonnensystem“ dar, welches von einer geheimnisvollen (geistigen?) Kraft bewegt wird. Kann es sein, dass ein geistiges Prinzip die sichtbare Ordnung des Universums bestimmt – vielleicht sogar verursacht? So fragen sich manche Naturwissenschaftler. Wenn man den Weg vom Universum mit seinem Leben zum Urknall zurückverfolgt, liegt der Gedanke nahe: Die Grenzen der Wirklichkeit enden nicht im Nichts. Sie gehen über in den Bereich des Metaphysischen – des Geistigen[1]. Die Grenze zwischen „Geist" und „Materie" ist hier nicht mehr zu erkennen.

Diese „Grundstruktur" allen Seins findet sich seit dem „Urknall" in der gesamten Evolutionsgeschichte. Sie bestimmt das Leben der Pflanzen, der Tiere und Menschen... Dabei vermag niemand den geheimnisvoll ordnenden (geistigen) Urgrund aller Dinge zu ermessen. Man vermag nur festzustellen, dass er sich in allen lebenden und toten Dingen „offenbart". Auf einen Nenner gebracht kann man sagen: Alle sinnlich sichtbaren Dinge sind wie das „Offenbarwerden" eines geistigen Urgrunds, den niemand kennt.

Ein Naturwissenschaftler, der nicht aufgehört hat, Theologe zu sein, kommt bei solcher „Bestandsaufnahme" nicht daran vorbei, sich in die Nähe dessen zu stellen, was gemeinhin „negative Theologie" genannt wird. Gott ist der große Unbekannte. Alles, was über ihn ausgesagt wird, kann nicht einfach „menschlich" verstanden werden. Wenn Gott „Person" ist, allmächtig, allweise, allgütig..., dann ist er all das und zugleich auch nicht. Gott kann nicht in menschlichen Gedanken bzw. Sprache gefasst werden.

Auch in der Schrift wird von einem Gott gesprochen, „der in unzugänglichem Lichte wohnt, den kein Mensch gesehen hat noch je zu sehen vermag".[2] Oder: „Niemand hat Gott je gesehen."[3]– Zugleich wird aber auch gesagt, dass dieser unsichtbare und unerforschliche Gott sich auf vielfältige Weise offenbart und sich den Menschen nähert: durch die Propheten, durch Christus und durch heilige „exemplarische Menschen".[4] Einige von ihnen sind Religionsgründer

---

1 Schäfer, Lothar: *Versteckte Wirklichkeit. – Wie uns die Quantenphysik zur Transzendenz führt.* S. Hirzel Verlag, Stuttgart/Leipzig, 2004, S. 65.

2 1Tim 6.16

3 Joh 1.18

4 Hebr. 1.1; Kol 1.26

geworden. Andere haben eine Art „Naturfrömmigkeit" bzw. „Naturmystik" entwickelt, wie sie in den Naturreligionen oder auch im „Sonnengesang" des Franz von Assisi zu finden ist.

Religiöse Menschen haben immer die Welt bewegt. Aber in welche Richtung? Das abendländische Christentum hat seit 2000 Jahren die Botschaft Christi „philosophisch" verstanden und zu interpretieren versucht. Es hat unterschiedliche „Wahrheiten" entwickelt – je nach Kirchen- und Konfessionsverständnis. Solches Bestreben auf vielen Seiten hat die Welt nicht friedlicher gemacht. Es hat die Menschheit eher gespalten als geeint.

Aus der Sicht der Evolution stellt sich die Rolle der Religionen im großen Welttheater auf neue Weise. Haben die großen Gestalter der Menschheit nicht eher „Schübe" in Richtung einer Evolution gegeben, die mit dem Zusammenleben der Menschen etwas zu tun haben – über alle sprachlichen und rassischen Grenzen hinweg? Also „Schübe" zu mehr Frieden statt Krieg, zu mehr Gerechtigkeit statt Egoismus, zu mehr Zusammenarbeit statt Rivalitäten, zu mehr Ausrichtung auf das Heil der Welt statt menschliche bzw. kirchlich-konfessionelle Rechthabereien und Selbstbestätigungen?

Naturwissenschaftliches Denken ist zu einer Herausforderung für das Religiöse geworden. Dem griechisch-römischen Christentum, welches sich gegenwärtig in einer schweren Krise befindet, stellt sich die Aufgabe, das eigene Selbstverständnis neu zu überdenken. Es geht weniger um Kirchen und Konfessionen bzw. um den Kampf der Religionen, um „Wahrheitsansprüche", viel mehr um deren „Bewährung" bei der Bewältigung des Lebens und der Welt. Wenn die „Zeichen der Zeit" erkannt würden, könnte sich auf Zukunft hin das bewahrheiten, was Friedrich Hölderlin schreibt: „Wo aber Gefahr ist, da wächst das Rettende auch." – Im Sinne von Martin Luther King geht es nicht nur darum, die Gefahren zu erkennen, die jede Krise mit sich bringt. Es geht vor allem darum, das „Verhärtetsein im Guten" (Thomas v. Aquin) zu überwinden, um die neuen Möglichkeiten zu erkennen, die das Wirken des Geistes verheißt.

Prof. Dr. Fritz Köster, Boppard

1.

Menschen, die die Welt erklärten: Von der Erde zur „Unendlichkeit" des Universums

Um das moderne Weltbild besser verstehen zu können, ist es sinnvoll und interessant, die geschichtliche Entwicklung des naturwissenschaftlichen Weltbildes in einem kurzen Überblick kennen zu lernen.

Claudius Ptolemäus: Die Erde ist Mittelpunkt des Universums.

Claudius Ptolemäus[5] war Astronom und Astrologe. Er fasste die antiken Kenntnisse zusammen und formulierte das für die nächsten 1 1/2 Jahrtausende gültige geozentrische Weltbild: Das All ist eine geschlossene Kugel, in deren Mitte sich die ruhende Erde befindet. Die 7 Planeten und die Sonne umkreisen die Erde. Der Mensch ist Mittelpunkt des Alls.

Der christliche Glaube, der sich weitgehend auf dieses Weltbild stützt, erkannte im Menschen Ziel und Zweck der Schöpfung: Auf ihn hin ist alles erschaffen. Er ist die Krone der Schöpfung. Die gleichen Gedanken finden wir im Alten Testament.

Eine Wende kam mit Kopernikus.

---

5 87 – 165 n. Chr.

Kopernikus: Die Erde dreht sich um die Sonne. – eine Arbeitshypothese

Aufgrund seines Studiums kam Kopernikus[6] zu der Erkenntnis:

Die Erde ist nicht der Mittelpunkt der Welt. Wir haben zwar den Eindruck, dass sich die Sonne um die Erde dreht. Dieser Eindruck täuscht. In Wirklichkeit ist es umgekehrt: Die Erde dreht sich um die Sonne wie jeder andere Planet.

Da er diese Erkenntnis nur als „Arbeitshypothese" vertrat, vermied er den Konflikt mit dem kirchlichen Lehramt.

Als Martin Luther[7]von diesen Thesen erfuhr, war er entrüstet. Kann etwas wahr sein, das der Heiligen Schrift und damit dem christlichen Glauben widerspricht? Steht doch im Buch Josua: [8]„Josua ließ die Sonne stillstehen." Das bedeutet doch, dass sie sich vorher bewegt haben muss.

Kopernikus stürzte zwar die Erde und den Menschen aus dem Mittelpunkt des Alls, indem er fortan die Erde auf einer Kreisbahn um die Sonne laufen ließ. Dafür trat die Sonne in den Mittelpunkt des Universums. Dadurch hatte das irdische Sonnensystem noch immer eine herausragende Stellung unter allen andern Sternen, die es umkreisten. Mit seiner Arbeitshypothese stellte Kopernikus das ganze antike und mittelalterliche Weltbild in Frage, das auf die Griechen, speziell Aristoteles zurückging.

---

6 Kopernikus (1473 – 1543) wurde in Thorn, Bistum Ermland, geboren. Nach einem Studium der Astronomie in Krakau trat er 1495 in das Frauenburger Domstift ein.

7 1539

8 Josua 10,12-13

Galileo Galilei: Die Erde dreht sich um die Sonne. – nun eine Feststellung.

Während Kopernikus von einer „Arbeitshypothese“ sprach, sah sie Galileo Galilei[9] als wissenschaftlich erwiesen an. So wurde er Anhänger des Kopernikus. Und das mit Grund:

In den Niederlanden wurde in der Zwischenzeit das Teleskop entwickelt. Galilei selbst konstruierte das nach ihm benannte Fernrohr, mit dem er den Himmel bzw. die Sterne beobachtete. Seine Beobachtungen stützen die Arbeitshypothese von Kopernikus und untermauern sie wissenschaftlich. Seit dieser Zeit war Galileo Galilei ein überzeugter Verfechter von Kopernikus.

Es gab heftige Diskussionen mit Philosophen, die immer noch die Lehre von Aristoteles vertraten. Gegen Ende des Jahres 1615 reiste Galilei nach Rom, um seine Theorien zu verteidigen. Eine Kommission von Theologen sprach sich gegen seine kopernikanische Theorie aus. Man verlangte von ihm, zunächst diese Sichtweise aufzugeben. Bis dahin kam sein Buch „De revolutionibus“ auf den Index.

Dennoch wurde Galilei vom Papst empfangen, der ihn beruhigte. Er sei ja nur aufgefordert worden, seine Sichtweise aufzugeben. Er sei nicht offiziell gezwungen worden, sie abzuschwören. Eine Strafe sei in keiner Weise auferlegt worden.

15 Jahre später – 1633 – wurde Galilei in Rom von der Inquisition vor Gericht gestellt und gezwungen, seinem „Irrtum“ abzuschwören. Er wurde zu lebenslänglichem Gefängnis verurteilt. Die Strafe wurde jedoch in Hausarrest umgewandelt. So wurde er nach Siena überführt, wo er seine Strafe als Gast seines bischöflichen Freundes ableistete. Später durfte er in seine Villa zurückkehren.

Vor seinem Tode soll Galilei gesagt haben: „Und sie dreht sich doch!“

---

9 1564 – 1642

Zwischenüberlegung

Während für Ptolemäus die Erde im Mittelpunkt der Welt steht, dreht sich für Kopernikus und Galilei alles um die Sonne. Beide haben gemeinsam: Es gibt einen Mittelpunkt des Universums – soweit man dieses zur damaligen Zeit überhaupt beobachten konnte.

Nikolaus von Kues und Giordano Bruno weiten nun den Blick.

Nikolaus von Kues: Der Kosmos ist unendlich, weil Gott unendlich ist.

Nikolaus von Kues[10] – genannt Cusanus – war Bischof und Kardinal, aber sein Denken war geradezu auf ketzerische Weise unkatholisch. Es war sein Glück, dass die obersten kirchlichen Autoritäten seiner Zeit dieses offensichtlich nicht sahen oder nicht sehen wollten.

Die letzten sechs Jahre seines Lebens verbrachte er in der Stellung des Generalvikars in Rom, dem höchsten Kirchenamt neben dem des Papstes. Er war damit der vertrauteste Ratgeber von Papst Pius II. Am 11. August 1464 starb Cusanus, drei Tage später starb Pius II.

Cusanus Denken hat sich nicht in mönchischer Abgeschiedenheit gebildet, wie das fast ausnahmslos bei den großen christlichen Denkern der Fall war, sondern in der harten praktischen Auseinandersetzung mit der Welt. Trotz seiner hohen Ämter blieb Nikolaus von Kues ein bescheidener Mann. Er verzichtete auf den Pomp, der mit dem Amt des Kirchenfürsten verbunden war, verzichtete andererseits aber auch auf asketische Strenge. Die Geldmittel, die ihm seine hohen Ämter einbrachten, führte er fast vollständig in eine Stiftung für alte Menschen über.

---

10 1401 – 1464

Seine Kosmologie ergibt sich aus dem Gottesbild: Gott ist unendlich und unbegreiflich. Also muss auch der Kosmos unendlich und unbegreiflich sein. Ein begrenztes All mit einer ruhenden Erde im Mittelpunkt ist undenkbar. Alles ist von Gott und Gott ist in allem. Der Kosmos ist nicht statisch, sondern dynamisch. Überall herrschen wechselseitige Beziehungen. Kein Gestirn im Kosmos kann letztlich ohne die andern existieren.

In demselben Maß, wie auf der Erde Pflanzen, Tiere und Menschen leben, sind auch andere Gestirne belebt. Ein unglaublicher Gedanke für das 15. Jahrhundert, erst recht für einen bedeutenden Kirchenmann. Nikolaus von Kues hat den Mut, das Undenkbare zu denken. Für ihn hat Gott nicht die Welt erschaffen, nur weil er den Menschen schaffen wollte. Was für ein Aufwand für ein Wesen, das recht jämmerlich erscheint! Es ist eine Anmaßung des Menschen, zu glauben, dass der ganze Kosmos nur durch ihn einen Sinn bekommt. Das heißt aber nicht, dass das Menschsein verkleinert oder seines Sinnes beraubt wird. Für ein glaubendes Denken und einen denkenden Glauben ist es wichtig zu wissen, dass der Mensch im Ganzen des Seins eingebettet ist.

Eine Würdigung

Nikolaus von Kues ist es gelungen, allein durch philosophische Spekulation eine Kosmologie zu entwerfen, die von der Physik auf ihrem langen und schwierigen Weg über Kopernikus, Kepler, Galilei, Newton und Einstein in ihren Grundzügen bestätigt wurde.

Der Glaube ist für ihn nichts Statisches. Von der Unendlichkeit ergriffen zu sein, bedeutet, auch im Glauben Grenzen zu überschreiten, sich nicht einzunisten in einem starren Glaubenssystem und sich‘s darin wohl sein zu lassen oder gar zurückzugehen zu den heidnischen Glaubensformen des Okkulten und Magischen. Was wir glauben, muss mit dem im Einklang stehen, was wir wissen. Ansonsten verkommt der Glaube zum Aberglauben oder Götzendienst.

100 Jahre nach Nikolaus von Kues greift Giordano Bruno dessen Lehre wieder auf.

Giordano Bruno: In der Unendlichkeit des Universums sind Materie und Geist nicht voneinander zu trennen.

Giordano Bruno[11] wurde in Nola bei Neapel geboren. Sein Vater bewirtschaftete ein kleines Gut in der Campania, einer der fruchtbarsten Landschaften Italiens. Von hier blickt man auf den Vesuv. Giordano berichtet von einem Schlüsselerlebnis, das er in seiner Kindheit hatte:

Er schildert begeistert die Fruchtbarkeit seiner Landschaft. Die Hänge des Vesuv dagegen wirken von weitem braun, karg und unfruchtbar. Eines Tages bestieg er den Vesuv und stellte erstaunt fest, dass die Hänge des Vesuvs nicht weniger fruchtbar waren als die des Appenin. Aus der veränderten Perspektive erschienen nun die Hänge des Appenin in brauner und dunkler Färbung. *Er stellt* fest: ***Die Entfernung und die Blickrichtung*** kann *das Ansehen der Dinge grundlegend verändern.* Diese Erkenntnis wurde später zu einem Schlüssel für seine Kosmologie.

Giordano Bruno lebte etwa zur gleichen Zeit wie Galilei. Er war Dominikanermönch und wurde als Ketzer verbrannt. Die Zeitung „Avvisi de Roma“ berichtet über die Verbrennung Giordano Brunos am 17. Februar 1600:

„Am Donnerstag wurde auf dem Campo dei fiori jener verbrecherische Dominikanermönch aus Nola lebendig verbrannt … ein sehr hartnäckiger Ketzer, der nach seiner Laune verschiedene Dogmen gegen unsern Glauben ersonnen hatte… Dieser Bösewicht wollte in seiner Verstocktheit dafür sterben, und er sagte, er sterbe als Martyrer, und er sterbe gern und seine Seele werde aus den Flammen zum Paradies emporschweben. Aber jetzt wird er ja erfahren, ob er die Wahrheit gesagt hat.“[12]

---

11 1548 – 1600

12 Kather, Regine: *Der Mensch – Kind der Natur oder des Geistes*? Ergon Verlag, Würzburg, 1994, S. 55.

Sein neues Weltbild

Für Ptolemäus stand die Erde im Mittelpunkt des Universums. Bei Kopernikus war es die Sonne. Bei beiden war noch ein Mittelpunkt vorhanden. Giordano Bruno geht noch einen Schritt weiter (aufgrund seines Schlüsselerlebnisses). Er fragt sich: Was geschieht, wenn man sich in Gedanken auf einen jener unzähligen Sterne außerhalb des Sonnensystems versetzt? Würde nicht von hier aus ein Beobachter sich selbst als Mittelpunkt der Welt sehen und den Eindruck haben, alle anderen Sonnen – einschließlich des irdischen Sonnensystems – würden um ***ihn*** kreisen? Er kommt zu der Erkenntnis: Die Erde ist im Verhältnis zum All nicht mehr und nicht weniger Mittelpunkt als jeder beliebige andere Weltkörper. Das Weltall ist unendlich.

Zu der Unendlichkeit des Universums kommt ein weiterer Gedanke: Materie und Geist sind für ihn nicht voneinander zu trennen. Materie ist nicht nur ein toter, passiver Stoff, in den die Gestalten eingeprägt werden so wie in einem Sandhaufen die Förmchen eines spielenden Kindes. Materie ist Energie. Sie hat die Fähigkeit, Formen auszubilden. Sie besitzt eine innere Dynamik, die sie dazu treibt, sich zu der Vielfalt der Lebewesen zu organisieren. Die schöpferische Kraft ist der Geist – ist Gott. Er gleicht einem Künstler, der die Materie von innen heraus formt und gestaltet, so dass die Mannigfaltigkeit der Lebewesen entsteht. Jedes noch so kleine Ding hat Anteil an dieser geistigen Substanz, in der die Möglichkeit steckt, eine Pflanze oder ein Tier zu werden. Geist findet sich in allen Dingen, und es gibt nicht das kleinste Körperchen, das nicht einen ausreichenden Anteil davon in sich fasste, um sich beleben zu können.

Das Universum gleicht einem riesigen Organismus. Der Geist ist die ordnende Kraft, die die Ordnung des Weltganzen bewirkt. Aufgrund der göttlichen Allgegenwart sind das Universum und die Natur eine lebendige Einheit.

All das, was Bruno sagt, entspricht zum ersten Male dem Lebensgefühl des neuzeitlichen Menschen. Es sind Gedanken, die 300 Jahre später durch die moderne Physik (u.a. Einstein) bestätigt werden.[13]

---

13 Weitere Informationen bei Kather, Regine: *Der Mensch – Kind der Natur oder des Geistes?* Ergon Verlag, Würzburg, 1994, S.55 ff.

Zusammenfassung

Der Blick hat sich geweitet:

- Von der Erde und der Sonne als Mittelpunkt der Welt hin zur unendlichen Größe des Universums.

- Die Erde ist ein Planet unter unendlich vielen anderen: Sie ist am Rande der Milchstraße, die selbst eine von 100 Milliarden anderen Galaxien ist.

- Der Mensch verliert damit seine besondere Stellung. Bedeutet das, wie Jaques Monod sagt: Der Mensch ist ein Zigeuner am Rande des Universums, das seine Musik nicht hört, das taub ist gegenüber seinen Freuden und Leiden? Nach Giordano Bruno nicht: Die Weite der kosmischen Räume löst bei ihm nicht das Gefühl der Angst, der Verlorenheit oder Verworfenheit aus, sondern Staunen und Ehrfurcht über den unermesslichen und unerschöpflichen Reichtum der Welt. Der Mensch kann sich in ihr heimisch und geborgen fühlen, obwohl er seinen festen Platz verloren hat.

- Ein weiterer Gedanke: Die Materie besitzt eine schöpferische Kraft aufgrund der Allgegenwart Gottes. Die Unendlichkeit des Universums lässt auf die Unendlichkeit Gottes schließen und umgekehrt.

Isaac Newton: Gott schuf die Materie (Atome) und die Gesetze.

Auf seinem Grabmal in der Westminster Abbay stehen die Worte: „Hier liegt Isaac Newton[14], der goldene Ritter, der mit fast göttlicher Geisteskraft die Bewegungen und Gestalt der Planeten, die Bahnen der Kometen und die Gezeiten der Ozeane durch seine die Fackel vorantragende Mathematik als erster richtig

14 Newton (1642 – 1727)

erklärte. Er hat die Verschiedenheit der Lichtstrahlen und die daraus entstehenden Eigenschaften der Farben, die niemand vorher vermutete, gründlich erforscht. Er war der Natur, der Altertumskunde und der Hl. Schrift eifriger, scharfsinniger und getreuer Interpret, indem er die Majestät des besten und höchsten Gottes durch seine Philosophie bestätigte und durch seinen Lebenswandel die Einfachheit des Evangeliums ausdrückte. Mögen sich die Sterblichen beglückwünschen, dass eine solche und große Zierde des menschlichen Geschlechts gelebt hat."

Wer war Isaac Newton?
Newton wurde 1642 geboren, sein Vater war Gutsbesitzer. Dieser starb zwei Monate vor Isaacs Geburt. Seine Mutter heiratete drei Jahre später einen anglikanischen Pfarrer. Dieser wollte das Kind nicht in sein Haus aufnehmen. So kam Newton in die Obhut seiner Großmutter.

Das tat ihm nicht gut. Er wurde zum Eigenbrödler. Um sein Studium in Cambridge aufnehmen zu können, übernahm er untergeordnete Dienstleistungen. Er erhielt ein Stipendium, wodurch er finanziell unabhängig wurde.

Seine Gebiete waren: Mathematik (Differential- Integralrechnung) und Physik:

In seinen Opticks umschrieb Newton sein Weltbild folgendermaßen:
„Ich halte es für wahrscheinlich, dass Gott am Anfang die Materie als feste, harte, massive, undurchdringliche, bewegliche Partikel schuf, in der Größe und Gestalt und mit solchen Eigenschaften und in solchem Verhältnis zum Raum, wie sie dem Zweck am dienlichsten waren, für den er sie erschaffen hatte. … Keine gewöhnliche Kraft vermag zu trennen, was Gott selbst am ersten Schöpfungstag erschuf." [15]

Newton führte die Arbeiten von Galilei und Kepler fort und fasste sie zu einer Einheit zusammen. Anhand der Gravitationsgesetze zeigte er, dass sich die Gesetze der Planetenbewegung auf die gleichen Prinzipien zurückführen lassen

---

15 Capra, Fritjof: *Der kosmische Reigen*, Scherz Verlag, Bern/München/Wien, 1978, S. 54

wie die Fall- und Bewegungsgesetze auf der Erde. Er konnte das Gravitationsgesetz nicht beweisen, sondern setzte es als Axiom voraus. Die Wissenschaft kann seiner Meinung nach keine Antwort auf das Wesen der Gravitation geben. Spekulatives und philosophisches Denken war Newton ebenso zu eigen wie das wissenschaftlich rationale.

Grundlage seiner klassischen Physik waren also die „Masseteilchen“, Atome als Kügelchen, als Masseteilchen. Dazu kamen die Gesetze, nach denen im Universum alles rein mechanisch abläuft. Die Teilchen und die zwischen ihnen wirkenden Kräfte sind von Gott geschaffen und werden daher als von Gott gegeben hingenommen und nicht in Frage gestellt.

Albert Einstein würdigte Newton mit diesen Worten:

„Newton, verzeih´ mir; du fandest den einzigen Weg, der zu deiner Zeit für einen Menschen von höchster Denk- und Gestaltungskraft eben noch möglich war. Die Begriffe, die du schufst, sind auch jetzt noch führend in unserm physikalischen Denken, obwohl wir nun wissen, dass sie durch andere, der Sphäre der unmittelbaren Erfahrung ferner stehende ersetzt werden müssen, wenn wir ein tieferes Begreifen der Zusammenhänge anstreben.“[16]

Zwischen Newton (17.Jh) und Einstein (20.Jh) liegt nicht nur eine Zeitdifferenz von 300 Jahren. Zwischen ihnen liegen Welten. Die eine Welt lässt sich kennzeichnen als das „mechanistische Weltbild“, die andere Welt als das „moderne, dynamische Weltbild“.

Doch, hat das Newton´sche Weltbild seine Gültigkeit verloren? Bei weitem nicht – wie folgendes Beispiel zeigt:

Im Juli 1969 gelang es den Menschen zum ersten Male, auf dem Mond zu landen. Es war ein Ereignis, das lange Zeit die Öffentlichkeit beschäftigte. Naturwissenschaftler und Techniker wurden wegen dieser Leistung bewundert.

---

16 Meyenn, Karl von: *Die großen Physiker I*, Verlag C.H.Beck, München, 1997, S. 209.

Ist es nicht erstaunlich, dass es die Naturwissenschaftler und Techniker fertigbrachten, solch eine ***präzise Arbeit*** zu leisten? Immerhin ist der Mond 380 000 Kilometer von der Erde entfernt. Trotz dieser Entfernung war es möglich, auf die Minute oder sogar Sekunde genau vorauszusagen, wann das Raumschiff auf dem Monde landen würde. Auch der Landeplatz war exakt festgelegt.

Inzwischen wurde mit der gleichen Präzision eine Sonde zum Mars geschickt, der um vieles weiter von der Erde entfernt ist. Die Sonde sollte uns über seine Beschaffenheit informieren und nach Spuren des Lebens suchen. Monatelang war sie unterwegs und landete zur bestimmten Zeit an einem bestimmten Ort. Die Erforschung des Weltalls überrascht uns immer wieder. Fotos, scharfe Fotos, werden zu uns auf die Erde geschickt. Allein das ist schon eine hervorragende Leistung.

Haben diese Erfahrungen der Raumfahrt es nicht bestätigt, was Newton über „sein“ Weltbild sagt: Das gesamte Universum ist wie eine Maschine oder Uhr zu betrachten? Wir kennen die Gesetze, die auf unserer Erde wie auch im Universum gelten. Mit ihrer Hilfe können wir verlässliche Berechnungen anstellen. Fast drei Jahrhunderte war es die Grundlage wissenschaftlichen Arbeitens und Denkens. Was bedeutet das? Alles, was geschieht, hat eine Ursache und Wirkung.

Das ist die Welt, in der wir leben, wie wir sie erleben. Und in dieser Welt gelten die Gesetze, die Newton bei seiner Arbeit entdeckt – allerdings nicht erfunden hat. Aber die Welt ist mehr, als wir sehen. Sie ist mehr, als wir es ahnen können. Denn das, was wir sehen, ist nur der Bereich des Makrokosmos. Wenn wir die Materie in ihre kleinsten Teile zerlegen, gelangen wir in den Bereich des Mikrokosmos – in den Bereich des Allerkleinsten, das wir uns nicht mehr vorstellen können. Neue, moderne Techniken machten es den Wissenschaftlern möglich, diesen Bereich zu erforschen – und dadurch ein neues Weltbild zu schaffen.

Es war vor allem Max Planck, der das Newton´sche Weltbild zu Fall brachte. Vielleicht sollten wir besser sagen: der das Newton´sche Weltbild ergänzte.

Max Planck wurde vor 150 Jahren geboren. Er starb mit 89 Jahren am 4. Oktober 1947. Anlässlich seines Geburtstages wurde über ihn im Fernsehen berichtet. Bei einem Interview bekannte er damals: „Ich musste das alte Weltbild in Frage stellen. Es ist mir nicht leicht gefallen. Aber ich musste es tun."

Wie schmerzlich das für die Physiker war, berichten Einstein und Heisenberg mit fast denselben Worten: „Die Welt brach zusammen…Uns wurde der Boden unter den Füßen weggezogen." Wir müssen uns mal vorstellen: Es war ihre Beschäftigung – es war ihr Beruf. Und was nun?

Ja, ihr bisheriges Weltbild zerbrach. **Aber ein neues wurde aufgebaut.**

Bevor wir uns mit diesem neuen Weltbild auseinandersetzen, sollten wir den Physiker nicht übersehen, der 100 Jahre nach Newton dessen Gedanken übernommen und weitergeführt hat: Pierre Simon Laplace [17]

Pierre Simon Laplace: Das Universum ist wie eine Maschine.

Laplace war Sohn eines Kleinbauern. Er besuchte vom 7. bis 16. Lebensjahr die Tagesschule der Benediktiner und sollte später einmal nach Vorstellung seines Vaters ein kirchliches Amt bekleiden.

Laplace entdeckte seine Vorliebe zur Mathematik und Physik. Bereits nach 5 Jahren wurde er Mitglied der Akademie der Wissenschaften – was einmalig war.

Laplace vertrat die kausalmechanische (mechanistische) Naturauffassung am extremsten. Er überlegt: Wenn es einen Geist gäbe, einen Dämon (Laplace´scher Dämon), der sämtliche Kräfte und Bewegungen der Weltkörper und der kleinsten Teilchen in einem Augenblick kennen würde, wäre er imstande, die Ver-

---

17 1749 – 1827

gangenheit und Zukunft des gesamten Weltgeschehens in allen Einzelheiten zu beschreiben. Nach Laplace wird der menschliche Geist dieser Intelligenz immer unendlich fern bleiben.

Ich fasse zusammen:

Newton und Laplace legen den Gedanken nahe: Die Welt ist wie eine Uhr oder Maschine, die, einmal (vom Schöpfer) angestoßen, läuft und läuft … Grund für diese Auffassung sind die „Masseteilchen" („Atome") und die physikalischen Gesetze, nach denen alles abläuft.

Zum Nachdenken

Ich schließe dieses Kapitel mit einem meditativen Text von Sir James Jeans:[18] Das Weltall ist keine Maschine, keine Uhr, die mechanisch läuft und abläuft. Nein, das Weltall ist ein großer „Gedanke", hinter dem eine Intelligenz steht. Diese Gedanken sind gleichzeitig eine Überleitung zu den nächsten Kapiteln, wo es um die Frage nach dem Anfang geht.

---

18 Sir James Jeans, englischer Mathematiker und Astrophysiker, gestorben 1946 in Dorking. Er studierte am Trinity College in Cambridge, England. Mathematische und astrophysikalische Forschungs- und Lehrtätigkeit an mehreren bedeutenden Universitäten. Er hat sich intensiv mit der philosophischen Interpretation der modernen Wissenschaft, besonders auch der Quantenphysik befasst.

Das Weltall – ein großer Gedanke.

„Heute ist man sich ziemlich einig darüber,
und auf der physikalischen Seite
der Wissenschaft fast ganz einig,
dass der Wissensstrom auf eine
nichtmechanische Wirklichkeit zufließt.
Das Weltall sieht allmählich mehr
wie ein großer Gedanke
als wie eine Maschine aus.
Der Geist scheint im Bereich der Materie
nicht mehr wie ein zufälliger Eindringling.
Wir beginnen zu ahnen,
dass wir ihn eher als den Schöpfer und Beherrscher
des Reiches der Materie begrüßen sollten –
natürlich nicht unsern individuellen Geist,
sondern den Geist,...
aus dem unser individueller Geist entstanden ist."[19]

---

19 Jeans, Sir James. *In unerforschtes Gebiet*, in: Hans-Peter Dürr, Physik und Transzendenz, Scherz Verlag, Bern/München/Wien, 1995, S.64.

2.

Es muss mehr als alles geben: Das Sichtbare verwurzelt (verankert) im Unsichtbaren.

„Der Kosmos, wie ihn die Physik beschreibt,
ist nicht die ganze Wahrheit.
Der Physiker beschreibt den Kosmos,
wie er unter Rücksicht seiner Berechenbarkeit erscheint.
Er spart damit eine Dimension aus,
zu der seine eigenen geistigen Vermögen gehören.
Immerhin hat der Kosmos auch den Menschen
hervorgebracht, der über ihn reflektiert.
Sollte dies keine Eigenschaft des Kosmos selbst sein?
Aber wie müssten wir ihn dann beschreiben,
um dieser Tatsache gerecht zu werden?"[20]

Hans Dieter Mutschler

20 Mutschler, Hans Dieter: *Kann der Physiker Gott beweisen*? In: Herder Korrespondenz – Spezial, Oktober 2008, S.44.

Am Anfang waren Schöpfungsmythen.

Menschen aller Zeiten und Kulturen haben sich über die Entstehung der Welt und des Menschen ihre Gedanken gemacht. Ihre Antworten finden wir in den Schöpfungsmythen. Es würde zu weit führen, all die vielen Mythen im Einzelnen zu behandeln. Wichtiger sind jene Antworten, die den meisten von ihnen zugrunde liegen. Die Menschen versuchten, von ihrer eigenen Umwelt all das wegzudenken, was sie Tag für Tag umgab: die Menschen, die Tiere, die Pflanzen usf. So heißt es in einem sumerischen Gedicht: „Im Jahre, wo … nichts entstanden (= gewachsen) war, nichts angefangen hatte zu grünen, … als das Schaf keinen Namen hatte (d.h. nicht existierte), als das Lamm sich nicht vermehrte, … als das Getreide … nicht da war", da wurde die Welt von einem Gott – oder auch von mehreren Gottheiten – aus einer unförmigen, gestaltlosen Masse „erschaffen".[21] „Erschaffen" heißt also nichts anderes als „Ordnen". Das Chaos wird geordnet. Es entsteht ein „Kosmos", eine geordnete Welt, in dem die Pflanzen, die Tiere und der Mensch ihren Lebensraum finden. Im Gegensatz hierzu erzählt das Alte Testament, wie Gott die Welt aus Nichts erschuf.

Alle Mythen haben gemeinsam, dass sie hinter der Wirklichkeit eine geistige oder göttliche Kraft erahnen**….**

Auch heute noch interessiert uns die Frage nach dem Anfang. Welche Antwort kann uns die moderne Naturwissenschaft – speziell die Physik – geben?

---

21 Ohlig, K.-H.: *Die Welt ist Gottes Schöpfung.* Grünewald Verlag, Mainz, 1984, S. 12ff.

Naturwissenschaftliches Um – Denken: „Nicht die Materie ist das eigentlich Wahre, sondern der Geist!" (Max Planck)

„Die Welt, die wir sehen,
ist nicht die Welt, in der wir leben.
Die Welt, die wir deuten,
ist nicht die Welt, die gedeutet wird."[22]

Johannes Röser

Eine Zeitung berichtete von 2 schwedischen Frauen, die in den Wald gingen, um Heidelbeeren zu sammeln. Sie konnten keine finden. Aus lauter Verzweiflung klopften sie im Gestein herum und machten eine unglaubliche Entdeckung: Sie fanden einen glitzernden Stein. Sie ließen ihn untersuchen. Das Ergebnis war: ***Sie hatten Gold gefunden***.

Dieses Goldstück teilten sie unter sich. Somit hatte jede von ihnen ein kleines Stück Gold. Es war „Gold pur". Was die beiden Frauen nicht getan haben, wollen wir nun in Gedanken weitermachen: Halbieren wir dieses kleine Goldstück nochmals und nochmals und nochmals, was bleibt dann übrig? Natürlich ein ganz, ganz kleines Stück Gold.

Wir machen weiter, so weit, bis wir es schließlich nicht mehr weiter zerkleinern können. Es ist das kleinste Teilchen, aus dem unser Goldstück besteht: ein Atom. Das Wort „Atom" kommt aus dem Griechischen und heißt „unteilbar". Nach heutigen Erkenntnissen ist auch ein Atom noch teilbar.

---

22 Röser, Johannes: *Einstein hat Folgen*. Christ in der Gegenwart – Das besondere Thema. Freiburg, 2005, S. 4.

Neon-Atom

Ein Atom könnte so aussehen wie dieses Neon-Atom. Atome unterscheiden sich nur durch einen größeren oder kleineren Kern in der Mitte und eine unterschiedliche Anzahl von Elektronen, die sich auf verschiedenen Bahnen (Schalen) um den Kern herum bewegen.

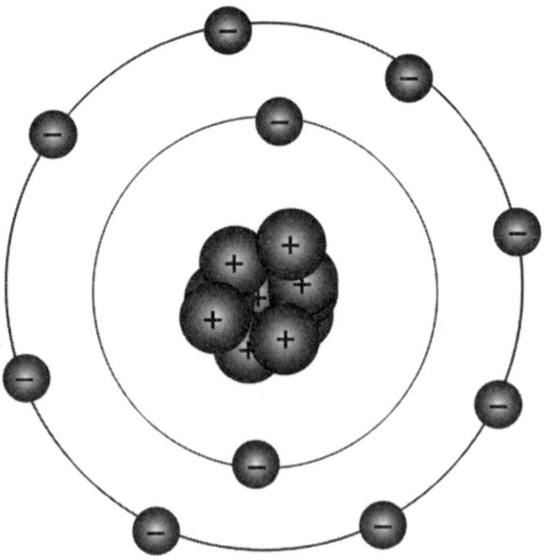

Alle Atome sind im Prinzip gleich aufgebaut. So haben wir beim ***Wasserstoffatom*** ein Elektron, das sich um den Kern bewegt. Beim Kohlenstoff sind es 6 Elektronen, beim Neon-Atom 10 und beim Gold 79. Die Anzahl der Elektronen bestimmen die chemischen Eigenschaften des Atoms. Entsprechend der Anzahl der Elektronen ist auch der Kern größer als beim Wasserstoffatom.

Alles im Universum ist aus Atomen aufgebaut: die leblose Materie, die belebte Natur – und auch unser menschlicher Körper. Hätten Sie gewusst – oder gedacht –, dass sich in einem cm^3 Luft (vergleichbar einem Zuckerwürfel)

45 Milliarden Milliarden Atome
45×10^{18} oder
45 000 000 000 000 000 000 Atome

befinden? Atome sind also klein – sehr klein. Eine halbe Million von ihnen, nebeneinander aufgereiht, könnten sich hinter einem menschlichen Haar verstecken. Bei solchen Größenverhältnissen ist es praktisch unmöglich, sich ein einzelnes Atom vorzustellen. Wir wollen es trotzdem versuchen. Das Atom ist etwas Faszinierendes.

99,999 Prozent seiner Masse sind im Kern vereint. Die Erdkugel zusammengedrückt hätte die Größe eines Fußballs, aber gleiche Masse und Gewicht wie die Erde!

Atome bestehen aus einem positiv geladenen Kern und negativ geladenen Elektronen, die den Kern auf Schalen oder Bahnen umkreisen, vergleichbar mit dem Sonnensystem. Das Besondere ist nun:

Es gibt ein Gesetz, das besagt: Gleiche Ladungen stoßen sich ab. Der Kern des Goldatoms besteht aus 79 positiven Ladungen. Er dürfte also nach dem Gesetz nicht bestehen. Dass er trotzdem nicht zerfällt, verdankt er einer speziellen Kraft. Diese hält den Kern mit den positiven Ladungen zusammen. Es ist eine Kraft, die nur in diesem für uns unvorstellbar kleinen Bereich des Atoms wirkt. Und das in jedem einzelnen Atom!

Erstaunlich ist auch, was der ***Nobelpreisträger Wolfgang Pauli*** um 1900 über die Anordnung der negativ geladenen Elektronen entdeckt hat, die sich um den Kern herum bewegen. Er stellte fest: Elektronen bewegen sich auf verschiedenen Bahnen um den Kern. Dabei gelten folgende Gesetze:

1. Auf den verschiedenen Bahnen ist die Anzahl der Elektronen nach bestimmten Gesetzen angeordnet, die sich in mathematischen Formeln ausdrücken lassen.

2. Elektronen unterscheiden sich voneinander. Keine 2 Elektronen mit den gleichen Eigenschaften befinden sich auf ein und derselben Bahn.

Für „Nichtphysiker“ ist das unvorstellbar. Doch was sagen unsere Physiker dazu?

Pioniere einer neuen Sicht

Albert Einstein[23] – Ich weiß nicht, ob er an diese Beispiele gedacht hat, es könnte aber so sein. Jedenfalls bekennt er von sich: „Meine Religion besteht in der demütigen Anbetung eines unendlich geistigen Wesens höherer Natur, das sich selbst in den kleinen Einzelheiten kundgibt, die wir mit unsern schwachen und unzulänglichen Sinnen wahrzunehmen vermögen."

Der Atomphysiker Anton Zeilinger fragt: Wie ist der Aufbau der Atome zu erklären, in dem verschiedene Gesetze zusammenwirken? Gesetze enthalten (geistige) Informationen. Woher kommen diese geistigen Informationen? Zeilinger ist ein Wiener Physiker, der sich mit den ungeklärten Fragen der Quantenphysik auseinandersetzt. Er ist international bei seinen Kollegen anerkannt.

Wir kennen keine mechanische Kraft, die dieses Verhalten der Elektronen erzwingt. Hier stehen wir vor der Frage: Kann es sein, dass ein geistiges Prinzip die sichtbare Ordnung des Universums bestimmt – vielleicht sogar verursacht? So oder ähnlich wie Zeilinger denken auch andere Physiker:

Der Physiker Harold Morowitz überlegt: „Ein solches Forschungsergebnis (über das Atom) macht das Nachdenken über die schöpferische Intelligenz, die hinter den Naturgesetzen steht, richtig aufregend. Mir als Naturwissenschaftler ist es ein wenig peinlich, dass ich mich für solche geheimnisvolle kosmische Intelligenz stark mache, aber die Sache scheint unausweichlich in diese Richtung zu gehen." [24]

Margenau, ein anderer Physiker, erkennt im Atom etwas quasi Geistiges, nicht Physisches. Er überlegt: Ein Elektron weiß, was die andern tun.

---

23 1879 – 1955

24 Morowitz, Harold J.: *Die Schöpfung ist kein Zufall.* Econ Verlag, Düsseldorf, 1988, S. 152.

Der **Physiker Sir Arthur Stanley Eddington**[25] ist der Ansicht (frei formuliert): Das Universum hat die Natur eines Gedankens oder, anders ausgedrückt: Weltstoff (= Materie) ist Geiststoff.[26] Das heißt: Der Stoff, aus dem die Welt besteht, hat mit Geist zu tun. Er fügt dann hinzu: Unser menschlicher Geist nimmt daran teil.

Der bekannte Physiker **Werner Heisenberg** schreibt in seinem Buch: „Der Teil und das Ganze“: „Die zentrale Ordnung der Dinge hat eine göttliche Qualität.“

Ich komme noch einmal auf Anton Zeilinger zurück. In seinem Buch „Einsteins Spuk“ schreibt er: Ob sich ein Atom wie Kohlenstoff oder Sauerstoff oder Wasserstoff verhält, hängt allein von der Anzahl der Elektronen ab, die sich um den Kern bewegen. Dazu kommen noch **Informationen**, die für die rechte Anordnung der Materieteilchen sorgen.

Anton Zeilinger fragt: Was ist nun wichtiger? Ist es die Materie, aus der die Atome bestehen, oder sind es (geistige) Informationen? Seine Antwort:

Die (geistige) Information ist der fundamentale Baustein des Universums.

Das entspricht wieder dem, was die vorher genannten Physiker gesagt haben. Denn Information, kosmische Intelligenz, Geiststoff usf. sind nur verschiedene Worte für ein und dieselbe Sache.

Ich fasse zusammen:

So wie wir die Welt um uns herum erleben, ist sie in Wirklichkeit – in ihrer Tiefe – nicht. Die Bausteine der Wirklichkeit – die Atome – sagen uns etwas ganz anderes. Sie sagen: „Die Welt, die ihr erlebt, ist die Welt der Materie. Unsere Welt – die Welt der Atome – dagegen öffnet den Weg in die Welt des schöpferischen Geistes!“

---

25 1882-1944

26 Schäfer, Lothar: *Versteckte Wirklichkeit. – Wie uns die Quantenphysik zur Transzendenz führt.* Hirzel Verlag, Stuttgart/Leipzig, 2004, S.62f.

Die Wirklichkeit – ein großer geistiger Zusammenhang

„Mathematik ist das Alphabet,
mit dessen Hilfe Gott das Universum beschrieben hat."

Galileo Galilei (1564 – 1642)[27]

Unsern begonnenen Weg wollen wir nun fortsetzen. Kommen wir zunächst zurück zu unserm Goldatom. Wir wollen ja wissen: Wo steckt im Atom unser Gold? Ein Goldatom besteht zu mehr als 99,9999% aus leerem, materie-freien Vakuum. Selbst wenn wir das Goldatom auf die Dimension des Kölner Domes vergrößern könnten, erhielten wir einen riesigen Ball, der für unser Auge innen leer ist. „Da ist nichts als Leere". Bis heute hat kein Forscher irgendein Atom gefunden, welches sich als „prall mit Materie (mit Gold) gefüllt" beschreiben ließe. Auch kein Goldatom.[28]

Das bedeutet: Je mehr wir in die Materie „vordringen", desto mehr verschwindet sie. Es ist unglaublich, aber wahr. Der klassische Materiebegriff gilt hier nicht mehr. Materie aus heutiger Sicht ist so etwas wie „geronnener" Geist. Dabei ist Geist das Primäre, das Wichtigste, Entscheidendste. Das ist auch

27 Aus Readers Digest, März 2009, S. 43

28 Ein anderes Beispiel: Wenn wir eine Faust machen und wenn wir uns vorstellen, unsere Faust sei ein Atomkern, dann ist das Atom so groß wie der Kölner Dom. Ist es zufällig ein Wasserstoffatom, dann irrt ein einzelnes Elektron drin rum wie ein Nachtfalter in einer leeren Kathedrale: mal oben in der Kuppel, mal am Altar vorbei. Wir wissen nie, wo es ist. Wir können nie mit Sicherheit feststellen, wo es sich gerade aufhält. Das ist das Besondere im Bereich der Atome: Hier gelten nicht mehr die Gesetze, die wir im Bereich der Weltraumforschung kennen gelernt haben. Keine Ursache und Wirkung. Hier sprechen wir von Wahrscheinlichkeiten. Wir können auch nicht feststellen, mit welcher Geschwindigkeit sich ein Elektron an einem bestimmten Ort befindet. Entweder Ort oder Geschwindigkeit (Unbestimmtheitsrelation?). Wir wissen auch nicht, ob ein Elektron ein Materieteilchen (Korpuskel) ist oder eine immaterielle Welle. Je nach Versuch zeigt sich das Elektron als Korpuskel oder als Welle. (Dualismus)

verständlich, wenn man bedenkt, dass im „Zeitpunkt“ des Urknalls noch keine Materie existierte. Materie ist aus Energie hervorgegangen. Energie, die sämtliche geistigen Informationen enthielt, die den Beginn und die Entwicklung der Evolution verursachte und begleitete.

Doch was ist Materie? Was ist Energie? Wir können es nicht sagen. Ebenso wenig können wir sagen, was Geist ist. Was wir aber sagen können: Ohne Energie und ohne die geistigen Informationen wäre die Entwicklung von der Materie zu den Sternen, von den Sternen zu den Galaxien, von den Galaxien zu den Planeten und schließlich zum Leben und zu geistbegabtem Leben nicht möglich gewesen.

Und das bedeutet für Max Planck: Nicht die Materie, die wir fühlen, tasten oder berechnen können, ist das eigentlich Wahre, sondern der Geist.

In seinem berühmt gewordenen **Vortrag in Florenz** kommt er darauf zu sprechen. Das war für die damalige Zeit so unglaublich, dass er weit ausholen musste, um seine These glaubwürdig zu machen.

Sie wissen: ich bin Physiker,
der sein ganzes Leben lang
dieser nüchternen Wissenschaft gedient hat.
Ich habe die Materie erforscht,
das Atom, das wir mit einem
winzigen Sonnensystem vergleichen können.
Es wird zusammengehalten durch eine Kraft.[29]

„Da es im ganzen Weltall
weder eine intelligente noch ewige Kraft gibt, …
so müssen wir hinter dieser Kraft
einen bewussten, intelligenten Geist annehmen.
Dieser Geist ist der Urgrund aller Materie.

---

29 frei nach: Oth, René: *Gott auf dem Prüfstand*, Scherz Verlag, Bern / München, 1982, S. 170f.

Nicht die sichtbare, aber vergängliche
Materie ist das Reale, Wirkliche,
sondern der unsichtbare, unsterbliche Geist
ist das Wahre."[30]

Ähnlich sieht es auch der Physiker und Nobelpreisträger **Hans – Peter Dürr.** In einer kurzen Autobiographie schreibt er: „Genau dort, wo man als Atomphysiker der größte Materialist ist und die Materie pur haben will, stellt man fest: Am Schluss bleibt von dem, was man als Materie kennt, nichts mehr übrig. Das war für mich ein großes Aha-Erlebnis! Man hat die Materie immer weiter auseinandergenommen und stellt plötzlich fest: Es bleibt etwas übrig, das nicht mehr die Eigenschaften unbelebter Materie hat, sondern solche, die man eigentlich dem Lebendigen zuordnet: Es ist nicht determiniert, es ist spontan und kreativ."[31] Die Grundlage der Materie ist also nicht-materiell. Das bedeutet für ihn: „Das, was am Anfang war, hat Gestalt angenommen in all dem, was geworden ist." Oder „Evolution ist die Ausgestaltung von immer dem Einen, das am Anfang war."

So denkt auch der Atomphysiker und Theologe **Rudolf Stadelmann.**
In seinem Buch „Im Herzen der Materie" schreibt er: **„**Evolution ist die Entfaltung des göttlichen Geistes!"[32]

All das bedeutet:

Wenn wir den Weg zurückverfolgen, von den Menschen bis zum Urknall, liegt der Gedanke nahe: „Die Grenzen der Wirklichkeit enden nicht im Nichts. Sie gehen über in den Bereich des Metaphysischen."[33] Wir können auch sagen: in den Bereich des Geistigen…

---

30 Oth , René: *Gott auf dem Prüfstand*, Scherz Verlag, Bern / München, 1982, S. 170f.

31 perspektiva November 2001, S. 14f.

32 Stadelmann, Rudolf: *Im Herzen der Materie.* Wissenschaftliche Buchgesellschaft, Darmstadt, 2004, S. 74.

33 Schäfer, Lothar,: *Versteckte Wirklichkeit. – Wie uns die Quantenphysik zur Transzendenz führt.* Hirzel Verlag, Stuttgart/Leipzig,2004, S. 65.

In seinem Buch „Gottes geheime Gedanken“ fasst der V.J. Becker all diese Überlegungen in einzelnen Thesen zusammen. Einige davon lauten:

- Geist ist die Ursache für alle Manifestationen wie Raum, Zeit und Materie, welche wir als Realität ansehen.

- Die Grundsubstanz allen Seins ist nicht materiell, sondern geistig.

- Die Gesamtheit (der manifestierten Existenz) stellt eine Einheit dar. Nichts existiert unabhängig von dem Ganzen. Alles ist von allem durchdrungen.

(Dieser Gedanke ist verständlich, wenn wir davon ausgehen, dass im Urknall die Weichen gestellt wurden für den gesamten Evolutionsprozess. Nichts in diesem Prozess kann isoliert für sich entstanden sein, und es kann auch nichts isoliert für sich existieren. d.V.)

- Das individuelle Bewusstsein verschmilzt auf einer höheren Ebene zu einem kollektiven (holistischen) Geist. …

(Oder besser gesagt: Das individuelle Bewusstsein nimmt an dem kollektiven Bewusstsein teil, und zwar in Graden, wie es der Philosoph Hans Jonas sagt. Es nimmt in Graden an jenem Geist teil, der am Anfang war. d.V.)

- Den schöpferischen Geist könnte man Gott nennen. Dieser Gott wäre in allem, ist alles und erschafft alles.

- Der Geist ist unsterblich, nicht physikalisch, sondern raum- und zeitlos und transzendent.

- Die Ursache allen Seins ist geistiger Natur, der Geist ist der Schöpfer und der Schöpfer ist im Geist. Alles ist Geist, alles ist Schöpfung[34]

---

34 Becker, V.J.: *Gottes geheime Gedanken*. Books on Demand, Norderstedt. 2006, S. 207.

Erwin Schrödinger – ein bedeutender Quantenphysiker – beschäftigte sich sehr mit den Weisheitslehren des Ostens. Vor allem mit der altindischen Lehre der Upanishaden. Eine Grundaussage der Upanishaden lautet:

Es gibt nur ein Bewusstsein, an dem wir alle teilhaben. Was damit gemeint ist, hat der persische Mystiker Aziz Nasafi im 13. Jahrhundert so beschrieben: „Beim Tod jedes Lebewesens kehrt der Geist in die Geisteswelt und der Körper in die Körperwelt zurück. Dabei verändern sich immer nur die Körper. Die Geisteswelt ist ein einziger Geist, der wie ein Licht hinter der Körperwelt steht und durch jedes entstehende Einzelwesen wie durch ein Fenster hindurchscheint. Je nach der Art und Größe des Fensters dringt weniger oder mehr Licht in die Welt. Das Licht aber bleibt unverändert.“

Schrödinger gibt zu: Diese Lehre ist unserm westlichen Denken ziemlich fremd. Wir sind geneigt, es als unwissenschaftlich und phantastisch abzutun. Die Gedanken werden aber gestützt von unserm modernen Weltbild – von der Quantenphysik, die einen Umbruch im naturwissenschaftlichen Denken brachte: von der Materie zum Geist.

Lesenswerte Bücher

Es gibt Bücher, die sich mit Themen beschäftigen, die man vor einiger Zeit für unmöglich gehalten hat. Zwei sollen hier genannt werden. Das eine heißt:

„Physik und Transzendenz – Die großen Physiker unseres Jahrhunderts über ihre Begegnung mit dem Wunderbaren“[35], herausgegeben von Hans-Peter Dürr. Es enthält u.a. Beiträge von berühmten Physikern wie Niels Bohr, Arthur Eddington, Albert Einstein, Werner Heisenberg, Wolfgang Pauli, Max Planck, Erwin Schrödinger und Carl Friedrich von Weizsäcker – alles bedeutende Wissenschaftler, denen wir unser heutiges modernes Weltbild zu verdanken haben.

Das zweite Buch trägt den Titel: **„Versteckte Wirklichkeit – Wie uns die Quantenphysik zur Transzendenz führt“**[36]. Dieses Buch stammt von Lothar Schäfer. Lothar Schäfer ist Professor für physikalische Chemie an der Universität von Arkansas. In seinem Buch fragt er: Sind Transzendenz und moderne Naturwissenschaft wirklich unvereinbar? Seine Antwort: „Nein, im Gegenteil!“ Warum? Die Quantenphysik hat uns die Transzendenz zurückgegeben. Sie inspiriert uns dazu, die Welt ganz neu zu verstehen. Hinter der materiellen Welt liegt eine versteckte, spirituelle Wirklichkeit. Physik und Transzendenz bilden also keinen Widerspruch, sondern eine untrennbare Einheit.

Beide genannten Bücher setzen sich mit Themen auseinander, die auf den ersten Blick in sich widersprüchlich sind: Physik beschäftigt sich mit berechenbaren, messbaren Größen. Man kann sie anschauen, anfassen, berechnen. Und die Transzendenz (jenseits der Physik) ist letztlich nicht messbar und nicht fassbar. „Transcendere“ heißt „überschreiten“. Transzendenz ist also jener Bereich, der grundsätzlich unsere Erkenntnisse überschreitet – nicht nur die

---

35 Scherz Verlag, Bern/ München/ Wien 1995

36 Hirzel Verlag, Stuttgart – Leipzig, 2004

naturwissenschaftlichen. Physik, Atomphysik, Quantenphysik und Transzendenz. In dieser Reihenfolge steckt eine geschichtliche Entwicklung – aber auch eine gedankliche Vertiefung und Weiterentwicklung. Es ist ein Weg vom Makrokosmos zum Mikrokosmos, vom Größten zum Kleinsten. Es ist ein Weg zum „Anfang". So oder ähnlich sieht es V.J. Becker in seinem Buch „Gottes geheime Gedanken":

Wir entdeckten die Moleküle,
dann die Atome,
dann die Elementarteilchen.
Solange unser Geist sucht,
wird er auch etwas entdecken....
Deshalb wird auch nie ein Ende der Physik
zu finden sein.
Egal, wie klein,
es wird kein letztes kleinstes Etwas geben,
solange man noch weiter
nach etwas darunter sucht.
Der Geist selbst ist das letzte Etwas,
nach dem er sucht.[37]

---

37 frei nach: Becker, V.J.: *Gottes geheime Gedanken.* Books on Demand GmbH, Norderstedt, 2006, S.59f.

3.

Etwas Unglaubliches ist geworden

So sagt es die Astrophysik

Im Anfang gab es nichts,
weder Raum noch Zeit.
Das ganze Universum verdichtet
auf den Raum eines Atomkerns…
Und sogar noch kleiner,
ein unendlich dichter mathematischer Punkt.
Und es geschah der Urknall.

ERNESTO CARDENAL. PRIESTER, DICHTER, KULTUSMINISTER IN NICARAGUA

So stellt sich die moderne Naturwissenschaft die Entstehung des Alls vor. Warum? Was spricht für diese Überlegung?

Edwin Hubble, ein amerikanischer Astronom, stellte 1929 fest: Das Universum dehnt sich aus – mit einer ungeheuren Geschwindigkeit. Bei der Ausdehnung kühlt es sich ab. Die „Restwärme", oder auch „Hintergrundstrahlung" genannt, wurde in den 40er Jahren vom russischen Astrophysiker Gamov errechnet und Mitte der 60er Jahre von den US-Physikern Arno Penzias und Robert Wilson tatsächlich entdeckt.

Das bedeutet: Das Universum dehnt sich offensichtlich aus. Diese Beobachtung lässt vermuten, dass alle Materie ursprünglich in der ungeheuer dichten

Form des „Uratoms" vereint war und dann explodierte. Es schleuderte nach allen Seiten Energie und dann Materie in den Raum, den Baustoff der jetzigen Sterne. Die Kosmologen sprechen von einem „Urknall", der sich vor etwa 13,7 Milliarden Jahren ereignete und den Anfang des Universums darstellt.

In seinem Buch „Eine kurze Geschichte von fast allem" schreibt Bill Bryson[38]: „Und so, aus dem Nichts, nimmt unser Universum seinen Anfang. In einem einzigen blendenden Stoß, in einem Augenblick der Prachtentfaltung, der für jede Beschreibung mit Worten viel zu schnell und umfangreich ist, nimmt die Singularität himmlische Dimensionen an und wird zu einem unvorstellbar großen Raum. In der ersten, lebhaften Sekunde (und viele Kosmologen widmen ihre gesamte Berufslaufbahn dem Versuch, diese Sekunde in noch dünnere Scheiben zu zerlegen) entstehen die Schwerkraft und die anderen beherrschenden Kräfte der Physik. Nach noch nicht mal einer Minute hat das Universum einen Durchmesser von weit mehr als einer Million Milliarden Kilometern, und es wächst schnell. … Nach drei Minuten sind 98 Prozent aller Materie entstanden, die existiert und jemals existieren wird. Wir haben ein Universum. Es ist ein Ort der erstaunlichsten und lohnendsten Möglichkeiten, und wunderschön ist es auch. Und alles ist ungefähr in der Zeit geschehen, die man zur Zubereitung eines Sandwichs braucht."

Doch, was ist inzwischen daraus geworden?

Die unendliche Weite des Universums

Nikolaus von Kues und Giordano Bruno sprechen von der Unendlichkeit des Universums. Heute sind wir in der Lage, nähere Angaben über diese „Unendlichkeit" zu machen.

---

38 Bryson, Bill: *Eine kurze Geschichte von fast allem.* Wissenschaftliche Buchgesellschaft, Darmstadt, 2004, S.22.

Versuchen wir es in einigen Zahlen: **In Gedanken machen wir eine Reise durchs All.** Unser Raumschiff soll sich mit Lichtgeschwindigkeit bewegen, was in Wirklichkeit natürlich nicht möglich ist. Das heißt: In einer Sekunde legt es wie das Licht 300 000 Kilometer zurück. In dieser Zeit könnte es 7- bis 8-mal den Äquator umrunden, der eine Länge von 40 000 Kilometer hat.

Wir verlassen die Erde und erreichen in acht Minuten unsere Sonne. Nach weiteren vier Jahren fliegen wir am nächsten Stern Alpha Centauri vorbei. Auf unserm Flug begegnen wir dann alle 5 bis 10 Jahre einem neuen Stern. Nach 30 000 bis 50 000 Jahren erreichen wir das Zentrum unserer Milchstraße. Nach weiteren zwei Millionen Jahren gelangen wir zum nächsten Milchstraßensystem, der „Andromeda-Galaxie“. Diese Milchstraße besteht aus 200 Milliarden Sonnen.

Außer unserer Milchstraße und der Andromeda-Galaxie gibt es Tausende und Abertausende weiterer Galaxien. Mit unsern Teleskopen können wir 100 Milliarden Galaxien mit je 150 Milliarden Sternen erkennen, die teilweise 11 bis 15 Milliarden Lichtjahre von uns entfernt sind. Ein Lichtjahr ist die Entfernung, die das Licht in einem Jahr zurücklegt.

Betrachten wir nun von den 100 Milliarden Galaxien unsere Milchstraße, die den nächtlichen Himmel beherrscht: Sie hat die Form eines Diskus, der in der Mitte eine Breite von 15 000 bis 20 000 Lichtjahren besitzt. Um in seiner Länge von einem Ende der Milchstraße zum andern zu gelangen, braucht das Licht 100 000 Jahre.

Ein anderes eindrucksvolles Beispiel zeigte eine Ausstellung in Zürich. Diesen Beispielen lag der Gedanke zugrunde: Wenn es auf den verschiedenen Galaxien oder Sternen Menschen gäbe, die „heute“ zur Erde schauen, könnten sie Ereignisse beobachten, die vor vielen Millionen Jahren stattgefunden haben. Zum Beispiel: Menschen auf der Galaxie im Virgohaufen, der 67 Millionen Lichtjahre von uns entfernt ist, sähen heute die Dinosaurier, die vor 67 Millionen Jahren ausgestorben sind. Denn so lange braucht das Licht, um vom Virgohaufen zur Erde zu gelangen und umgekehrt.

Wenn wir an einem Abend oder in der Nacht zu den Sternen schauen, denken wir nicht daran, dass der Blick in die Weite des Alls gleichzeitig ein Blick in die Vergangenheit ist. Wir sehen nämlich nicht das, was an diesem Abend im All geschieht, sondern das, was damals geschah, als das Licht ausgestrahlt wurde.

Wenn wir zum Beispiel den Stern Alpha Centauri leuchten sehen – es ist der Stern, der unserm Sonnensystem am nächsten steht –, so empfangen wir jene Strahlen, die er vor 4,3 Jahren ausgestrahlt hat. Denn so lange braucht das Licht, wenn es von diesem Stern zur Erde gelangen will. Mit unsern Teleskopen können wir Sterne beobachten, die 11 bis 15 Milliarden Lichtjahre[39] von uns entfernt sind. Das ist die Entfernung, die das Licht in 11 bis 15 Milliarden Jahren zurücklegt – eine für uns unvorstellbare Entfernung, wenn wir bedenken, dass das Licht bereits in einer Sekunde 300 000 Kilometer zurücklegt.

Wann entstand das Sonnensystem mit unserer Erde?

Wir wissen es nicht genau. Vieles spricht dafür, dass Sonne, Erde und die andern Planeten unseres Sonnensystems vor ungefähr 10 Milliarden Jahren aus einer riesigen Wolke aus dünnen Gasen und Staubteilchen bestanden. Diese wirbelten durchs All. Durch die Anziehungskraft, die zwischen allen Körpern wirkt und durch Rotation (Drehimpuls) entstand mit der Zeit eine gewaltige Scheibe, die sich um ein Zentrum drehte. Während der Drehung teilte sich die Scheibe in einzelne Ringe: In der Mitte entstand die Sonne und in den äußeren Ringen bildeten sich „Bälle", die sich verdichteten und dabei zur Weißglut erhitzten. Vor etwa fünf Milliarden Jahren begannen sie sich abzukühlen, und so wurden aus diesen Glutbällen Erde, Mars, Venus und die andern Planeten.

39 Ein Lichtjahr ist die Entfernung, die das Licht in einem Jahr zurücklegt. Diese Entfernung entspricht fast 10 000 000 000 000 km, also 10 Billionen Kilometer.

Das Netz des Physikers

Wenn man die Entstehung des Universums und die Dynamik seiner Entwicklung unbefangen auf sich wirken lässt, drängen sich viele Fragen auf. Es sind Fragen, auf die uns die Naturwissenschaft keine Antwort gibt – ja grundsätzlich nicht geben kann. Warum das so ist, versucht Hans-Peter Dürr in seinem Buch „Das Netz des Physikers" zu begründen. Hierin erzählt er uns folgende Geschichte: Ein Ichthyologe beschäftigt sich wissenschaftlich mit Fischen. Er sitzt am Meer, wirft sein Netz aus, das eine Maschenweite von fünf Zentimeter hat, zieht es nach einiger Zeit wieder an Land und untersucht seinen Fang. Er wiederholt das immer wieder. Eines Tages stellt er fest:

1. Alle Fische sind größer als fünf Zentimeter, und
2. alle Fische haben Kiemen.

Bei jedem Fang hat er diese Erfahrung gemacht. Deshalb geht er davon aus, dass das auch in Zukunft so sein wird. Seine Beobachtungen haben daher grundsätzliche Bedeutung. Alles, was fünf Zentimeter groß ist und Kiemen hat, ist für ihn ein Fisch. Eines Tages kommt ein Wanderer – ein Philosoph – vorbei und beobachtet den Fischer bei seiner Arbeit. Sie kommen miteinander ins Gespräch. Der Fischer teilt ihm stolz seine beiden Beobachtungen mit. Der Gesprächspartner ist damit nicht einverstanden. Dass alle Fische Kiemen haben, das ist für ihn verständlich. Dass aber alle Fische größer als fünf Zentimeter sind, das kann er nicht verstehen. Schließlich hat er auch kleinere Fische im Meer beobachtet. Der Fischer bleibt bei seiner Behauptung: »Was ich nicht fangen kann, ist kein Fisch!«[40]

Zwischen dem Fischer und dem Wanderer gibt es eigentlich keine Widersprüche. Der Fischer ist von seinem Netz abhängig. Er kann nur das fangen, was ihm das Netz ermöglicht. Was er nicht fangen kann, fällt durch die Maschen des Netzes hindurch.

---

40 Dürr, Hans-Peter: *Das Netz des Physikers*. Hanser Verlag, München, 1988, S. 30.

Und das interessiert ihn nicht. Er betrachtet die Fischwelt unter ganz bestimmten Gesichtspunkten. Anders der Wanderer. Er beobachtet, dass es auch andere Fische im Wasser gibt.

Dieses Gleichnis vom Fischer macht deutlich, um was es hier geht: Die Naturwissenschaft hat ihre eigene Methode, die Welt zu betrachten. Ihre Ergebnisse sind kontrollierbar und daher wahr. Sie sind in zahlreichen Handbüchern nachzulesen.

Und doch fehlen wichtige Gesichtspunkte. Vieles „schlüpft" durch ihre Maschen hindurch. Es ist mit ihrer durchaus legitimen Methode nicht zu erfassen.

Doch was kann das sein, das durch die Maschen hindurchfällt?

Naturwissenschaftler denken in Kategorien von Experiment und nachprüfbaren Ergebnissen. Sie betrachten die Natur nicht als ein Mysterium. Für sie ist die Natur eine erkennbare und messbare Realität, in der alles auf Ursachen zurückgeführt werden kann. Aber ist das die gesamte Wirklichkeit? Wie steht es mit unseren Naturgesetzen, die sicherlich mit der materiellen Wirklichkeit nicht gleichzusetzen sind? Und wo müssen wir unser Denken, unser Bewusstsein und unsere Gefühle einordnen? Kunst und Kultur gehören ebenso zu unserer Wirklichkeit, ohne etwas Materielles zu sein. Die Naturwissenschaft kann auch nicht nach dem Sinn der Weltordnung fragen. Sie kann sich nicht darum kümmern, warum die Welt – das Universum – überhaupt existiert. Für sie ist es auch uninteressant, ob die Welt aus sich heraus entstanden ist oder ob sie geschaffen wurde. Für sie ist die Frage, ob es einen Schöpfer gibt, ebenso unbedeutend wie die Frage, warum die Gesetze so sind, wie sie sind. All das interessiert uns. Deshalb gehen wir einigen dieser Fragen nach:

- Herrscht im Universum Chaos oder Ordnung? – Ordnung im Chaos?
- Gibt es Hinweise auf einen verborgenen kosmischen Code?
- Ja, gibt es einen geistigen Urgrund allen Seins?

Ordnung im Chaos und Chaos trotz Ordnung

Ordnung, Harmonie und Schönheit
sind Zeichen und Beweise für eine durchdachte Welt.

Und das Chaos?
Chaos im Urknall,
Chaos in der Evolution,
Chaos, die Ursache für die Entstehung neuer Formen.
Chaos in den Lebensprozessen des menschlichen Körpers.

Ist Chaos wirklich Chaos?
Der Computer bringt es ans Licht:
Auch Chaos ist ein Zeichen
und Beweis für eine durchdachte Welt.

Naturwissenschaftlern und Technikern ist es gelungen, Sonden auf dem Mond und Mars exakt landen zu lassen. Eine für uns unglaubliche Leistung. Umso mehr sind wir darüber erstaunt, dass es bis heute noch nicht möglich ist, eine exakte Wettervorhersage zu machen.

Wie oft wird Sonnenschein vorausgesagt, während wir vom Regen überrascht werden, und umgekehrt! Man sollte doch meinen, die Wettervorhersage sei um vieles leichter und einfacher als eine Mondlandung. Die Erfahrung spricht dagegen. Warum? Im Jahre 1961 war der amerikanische Meteorologe Edward Lorenz eines Tages damit beschäftigt, das Wetter mit Hilfe von Computersimulationen zu untersuchen. Als er tags darauf das Ergebnis nochmals überprüfen wollte, konnte er sich nicht mehr daran erinnern, auf wie viele Stellen nach dem Komma er das Computerprogramm angelegt hatte. So versuchte er es mit sechs Stellen nach dem Komma. Zu seiner großen Überraschung stellte er fest, dass dieses vom Computer produzierte »Wetter« ganz anders war als am Tage zuvor. Das machte ihn stutzig und neugierig zugleich. So änderte er bei weiteren Versuchen jeweils die Anzahl der Stellen nach dem Komma. Das Ergebnis: Das Wetter fiel jedes Mal unterschiedlich aus. Also kommt es auf die Anzahl der Stellen nach dem Komma an. Für uns ist das völlig unbegreiflich. Bedeutet doch die sechste Stelle nach dem Komma eine Änderung um ein Millionstel. Lorenz kam zu dem Ergebnis, dass noch so kleine Änderungen enorme Folgen haben können. Wie weit das gehen kann, wird gerne in einem Vergleich oder Bild ausgedrückt: Der Flügelschlag eines Schmetterlings in Asien beeinflusst ein paar Tage oder Wochen später das Wetter in Amerika.

Wir sagen oft – und damit haben wir Recht –, das Wetter sei unberechenbar. Es gibt viele solcher Beispiele, die wir beobachten können. So sind der Rauch, der aufsteigt, die Wirbel, die sich im Wasser bilden, oder die Bewegung der Flagge im Winde völlig unberechenbar, weil sie von zahlreichen „Zufällen" abhängen. Die Naturwissenschaftler nennen solche Vorgänge chaotisch. Sie sprechen vom „Schmetterlingseffekt" und meinen damit die kleinen Ursachen, die große und weit reichende Wirkungen haben. In den letzten Jahrzehnten hat sich eine eigene Wissenschaft gebildet, die sich mit solchen chaotischen Systemen beschäftigt[41]. Ihr Ergebnis ist die so genannte „Chaostheorie", über die in letzter Zeit zahlreiche Bücher geschrieben wurden. Es würde zu weit führen, auf diese Thematik näher einzugehen – so interessant sie auch sein mag.

Wir fragen in diesem Kapitel nach Ordnung und Harmonie im Universum. Wie sieht es damit aus, wo doch so vieles chaotisch zu sein scheint?

Dass es auf diese Frage eine Antwort geben müsse, erahnte Mitchell Feigenbaum – einer der führenden Chaosforscher –, als er eines Tages eine längere Wanderung machte, um seinen Gedanken nachzugehen. Auf dieser Wanderung kam er an einer Gruppe von Leuten vorbei, die ein Picknick machten. Er hörte den Klang ihrer Stimmen und verstand auch im Vorbeigehen, über was sie sich unterhielten. Plötzlich beobachtete er, dass alles „verschwamm": Die Gestalten wurden immer kleiner, bis sie schließlich so winzig waren, dass er sie nicht mehr klar unterscheiden konnte; die Worte, die er vorher deutlich verstand, auch sie wurden immer schwächer und unverständlicher. Die Klarheit und

41 Nicht nur die klassischen Naturwissenschaften Physik, Biologie, Chemie beschäftigen sich mit der Chaostheorie, sondern auch die Mathematiker, Ökonomen und Ökologen.

Ordnung, die er vorher empfand, gingen in Verschwommenheit und Wirrwarr über. Sie wurden in seinen Augen und Ohren chaotisch.

Dieses Erlebnis beschäftigte Feigenbaum während seiner ganzen Wanderung. Er überlegte sich: Aus Ordnung wurde Chaos. Und doch blieb die Ordnung bei den Menschen, die er nicht mehr deutlich sehen und hören konnte, erhalten. Ist Chaos wirklich Chaos? Das war seine Frage. Oder gibt es selbst im Chaos Ordnung? Vielleicht ist es möglich und denkbar, dass sie da ist, wir sie aber nicht erkennen können. Das war auch die Frage zahlreicher anderer Chaosforscher[42]. Durch den Fortschritt der Computertechnik waren sie in der Lage, auch dynamische und komplexe Vorgänge, um die es sich hier handelt, näher zu untersuchen. Die Ergebnisse ihrer bisherigen Arbeiten können nur kurz genannt werden. Der Physiker Dr. Bernd-Olaf Küppers vom Max-Planck-Institut nennt die wichtigsten:

„Naturgesetze steuern auch das Entstehen von Komplexität (Chaos Anm.d.V.). Dabei sind die Gesetze selbst ... überraschenderweise ganz einfach.“[43]

„Mit der Erforschung des Komplexen rückt auch die kreative, bunte, vielgestaltige Welt, wie wir sie sinnlich erleben, wieder ins Zentrum akademischer Neugier.“[44]

„Im Spiel der Kräfte wird aus Chaos Ordnung.“[45] Ist Chaos also die Ordnung des Universums, wie es ein Buchtitel ausdrückt?[46]

Durch die Computersimulation sind Wissenschaftler in der Lage, solche chaotischen, komplexen oder unberechenbaren Vorgänge abzubilden. Die folgende Seite zeigt zum Beispiel die graphische Darstellung eines komplexen Vorgangs,

---

42 Zu den bekanntesten Chaosforschern gehören u.a. Henri Poincaré, Edward Lorenz, Benoit Mandelbrot, James Crutchfield, Norman Packard, Mitschel Feigenbaum und Ilya Prigogine.

43 Küppers, B.O.: in Geo Wissen Nr. 3, November 1993, S. 29.

44 Küppers, B.O: a.a.O. S.30.

45 Geo Wissen, *Chaos und Kreativität.* Hamburg, 1993, S. 33.

46 Gleick , J.: Chaos – die Ordnung des Universums, Knaur Verlag, München, 1990.

wie sie Mandelbrot bei seinen Arbeiten herausfand. Sie erinnert an Äpfel, die in verschiedenen Größen aufeinander gesetzt sind.

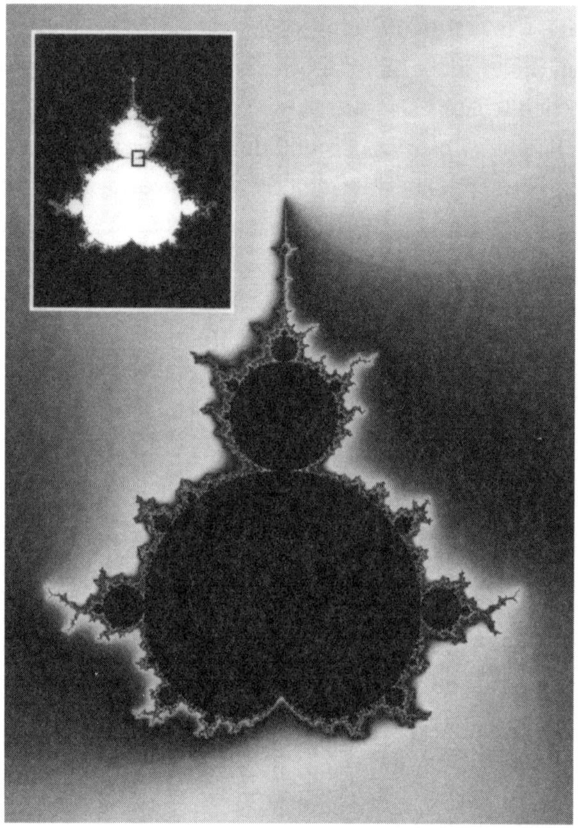

Interessant und faszinierend ist der Rand des Apfelmännchens. Dort entstehen Formen, die an Seepferdchen erinnern. Bei jeder weiteren Vergrößerung zeigen sich immer wieder neue, ähnliche Strukturen.

Ein verborgener kosmischer Code

Die Teile der Welt
stehen alle derart in Zusammenhang,
sind so miteinander verflochten,
dass ich es für unmöglich halte,
einen ohne den andern
und ohne das Ganze zu verstehen.

Blaise Pascal

Paul Davies schreibt in seinem Buch „Die Urkraft“[47]: Vor lauter Bäumen sehen wir alle den Wald nicht mehr. Bei den vielen, ja unzähligen Einzelerkenntnissen übersehen wir die Gesamtschau. Ein engagierter Wissenschaftler ist so in seine Arbeiten vertieft, dass er gar nicht überlegt, warum er überhaupt wissenschaftlich arbeiten kann. Ein Physiker beschäftigt sich unter anderem mit den Gesetzen, die wir in der Technik anwenden können. Aber er fragt nicht, warum und wie bemerkenswert es ist, dass es diese Gesetze gibt.

Uns Nichtwissenschaftlern geht es da nicht anders. Wer macht sich schon Gedanken darüber, warum die Sonne morgens im Osten auf- und abends im Westen untergeht? Wir beobachten, dass ein Stein immer nach unten und nicht nach oben fällt. Wir betrachten einen funkelnden Kristall, ohne uns Gedanken darüber zu machen, warum er diese Form hat und keine andere. Wir stellen das Radio oder den Fernseher an. Normalerweise funktionieren sie. Wir suchen uns bestimmte Programme aus. Auch das macht uns im Allgemeinen keine Schwierigkeiten. Für uns ist all das selbstverständlich. Niemand fragt, warum das so ist. Niemand findet Grund, sich darüber zu wundern.

---

47 Davies, P.: *Die Urkraft.* Rasch und Röhring Verlag, Hamburg – Zürich, 1987, S. 295.

Es sei denn, eine Katastrophe schreckt uns auf und nimmt uns unsere Sicherheit. So geschah es am 10. August 1996, als zum zweiten Male ein Stromausfall das öffentliche Leben im Westen der USA lahmlegte: Millionen von Menschen mussten viele Stunden ohne Elektrizität auskommen. Was das für die Menschen bedeutete, wurde in der Presse ausführlich geschildert: In zahlreichen Städten fielen die Ampeln aus. Das führte zum Verkehrschaos. Der öffentliche Nahverkehr kam zum Erliegen. Menschen blieben in den Fahrstühlen stecken. Bei Temperaturen bis zu 40 Grad Celsius litten vor allem kranke und ältere Bürger unter dem Ausfall von Klimaanlagen. Auf dem Flughafen von San Francisco mussten Hunderte von Passagieren noch Stunden nach der Landung an Bord der Flugzeuge bleiben, weil eine Abfertigung wegen des Ausfalls der Computer und Gepäck-Transportbänder nicht möglich war.

Nicht auszumalen, was passieren würde, wenn eines Tages Naturgesetze unzuverlässig und unberechenbar würden. Gott sei Dank passiert das nicht. Deshalb können Naturwissenschaftler Strukturen und Ordnung in der Natur nachspüren. Beide sind uns zunächst verborgen und wie durch einen kosmischen Code verschlüsselt. Paul Davies vergleicht diese Forschungsarbeiten gerne mit einem Kreuzworträtsel. Experiment und Beobachtung geben nur Hinweise auf eine vorhandene Struktur. Mit viel Geschick und Ausdauer erkennen wir mehr und mehr von der Gesamtstruktur der Natur. Wie beim Kreuzworträtsel ergänzen sich die vielen Einzelerkenntnisse auf den verschiedensten Gebieten. Sie lassen ein Muster und einen einheitlichen Bau-Plan erkennen. Dieser Bau-Plan führt uns zur Überzeugung, dass das Universum eine große Einheit darstellt. Das schöpferische Geschehen im Universum geschieht in einem harmonischen Zusammenspiel zweier „Welten“: Der unfassbar große Weltraum und die unvorstellbare kleine Welt der Atome – der Makrokosmos und der Mikrokosmos – ergänzen sich gegenseitig, wie wir es gesehen haben. Mit Riesenfernrohren, Radioteleskopen und Satelliten schauen und hören wir in die Weite des Universums. Mit Elektronenmikroskopen blicken wir in die Welt der Atome.

Ist es da nicht erstaunlich, wie die Kosmologie – die Lehre vom Größten – und die Hochenergiephysik – die Lehre vom Kleinsten – einander ergänzen und sich gegenseitig befruchten? Sind es nicht dieselben Gesetze, die zu der einfachen Form des Kristalls führen und ebenso zu den komplizierten und verwickelten Strukturen wie die der Lebewesen?

„Die Tatsache, dass die gegenwärtige Natur des Universums gezwungen war, mit einem Urknall zu entstehen – das sagen die Gesetze der Physik –, lässt deutlich darauf schließen, dass diese Gesetze selbst nicht zufällig oder aufs Geratewohl aufgetaucht sind, sondern dass in ihnen die Spur eines Planes steckt... Die moderne Physik und die neue Kosmologie offenbaren, dass unser geordnetes Universum weit mehr ist als ein gigantischer Unfall. Ich glaube, das Studium der jüngsten Revolution auf diesen Gebieten ist eine Quelle großer Inspiration bei der Suche nach dem Sinn des Lebens."[48] So schreibt Paul Davies.

Im letzten Jahrhundert wurden von Theologen Ordnung und Harmonie häufig als Argument für die Existenz Gottes angeführt. Zu ihnen gehörte William Paley, der gerne die natürlichen Mechanismen – wie etwa die Anordnung der Planeten im Sonnensystem – mit einer Uhr verglich. Jemand, der zum ersten Male eine Uhr in der Hand hält und sieht, wie einzelne Teile und Rädchen ineinandergreifen, damit das Uhrwerk funktioniert, kommt sicher zu der Einsicht, dass ein intelligentes Wesen die Uhr zu einem bestimmten Zweck entworfen hat. Der Schluss liegt deshalb nahe, dass ein intelligentes Wesen das noch viel kompliziertere Werk des Universums entworfen und realisiert haben muss. Der Vergleich mit der Uhr hinkt selbstverständlich, wie alle Vergleiche es tun: Es ist nicht denkbar, dass Gott im Urknall den „Grund" gelegt hat für das Universum, die Pflanzen, die Tiere und den Menschen und die weitere Entwicklung und den „Ablauf" sich selber überlässt, bis es eines Tages wie eine Uhr „abgelaufen" ist. Die Uhr ist ein Gegenstand, der sich selbst nicht weiterentwickelt. Anders das Universum. Es dehnt sich weiter aus und lässt wenigstens auf unserer Erde weiterhin Leben entstehen.

All das stellt uns vor die Frage: Was ist der eigentliche „Urgrund" des Ganzen? Ist es eine vorgegebene „Kreativität der Natur"? Wenn ja, von wem wurde sie vorgegeben? Oder gibt es eine „geistige Instanz"?

---

48 Davies, P. a.a.O. S. 15.

Im 2. Kapitel dieses Buches haben wir bereits bei der Frage nach dem Anfang interessante Anregungen und Überlegungen kennen gelernt, die uns helfen können, auf die Frage nach einer „geistigen Instanz“ eine persönliche Antwort zu finden. Wir werden diesen Fragen weiter nachgehen.

Ein geistiger Urgrund allen Seins

Kann etwas, das weniger als Geist ist,
der Urgrund des Geistes sein?

Hans Jonas

Der Mensch steht mit Geist und Selbst-Bewusstsein am Ende des bisherigen Evolutionsprozesses. Könnten wir das Gehirn bis in seine feinsten Strukturen und Funktionsweisen zerlegen, so ließe sich das Vorhandensein von Bewusstsein und Geist aufgrund dieser Strukturen nicht erahnen. Nur durch unsere innere Erfahrung – eben durch unser Selbst-Bewusst-Sein – wissen wir davon.

Das Gehirn ist die größte Erfindung der Natur. Jahrmillionen hat es gedauert, bis das Hochleistungsgehirn ausgereift war. Rund hundert Milliarden Nervenzellen sind durch ein Leitungsnetz miteinander verbunden. Dieses hat die unvorstellbare Länge von einer Million Kilometer. 25-mal würde dieses Netz um den Äquator gehen.

Unser Gehirn ist leistungsfähiger als jeder Supercomputer. Ja, es ist der einzige Computer, der über sich selbst nachdenkt und sich korrigieren kann. Wenn man bedenkt, dass die vollständige Bauanleitung für einen Supercomputer viele Millionen Wörter umfasst, drängt sich die Frage auf: Woher hat die Natur die Idee, in vielen kleinen Schritten ohne Bauanleitung ein menschliches Hochleistungsgehirn zu entwickeln, das in der Lage ist, geistige Leistungen zu vollbringen?

Hans Jonas schreibt in seinem Buch „Philosophische Untersuchungen und metaphysische Vermutungen“, er habe über diese Frage jahrzehntelang nachgegrübelt. Er fragt: Kann etwas, das weniger als Geist ist, die „erste Ursache“, der „Urgrund“ des Geistes sein? Wie Hans Jonas, so hat sich auch Rupert Sheldrake ausführlich mit den Fragen beschäftigt: Woher stammt das Schöpferische im Evolutionsprozess? Woher das Neue, das Höhere – woher der Geist? Auch er muss bekennen, dass wir dieses Geheimnis nie lüften können. „Wir können es Gott zuschreiben … oder der Natur. … Doch auf jedem Wege stoßen wir irgendwann unweigerlich an die Grenze.“[49] Aber die Richtung dieses Weges ist vorgegeben: Sie weist eindeutig auf eine „geistige Instanz“ hin.

Es ist interessant, wie zwei verschiedene Wege zum gleichen Ergebnis führen. Was Hans Jonas durch philosophische Überlegungen erkannte, hat die moderne Physik durch ihre Forschung bestätigt.

49 Sheldrake, R. a.a.O. S. 375.

4.

Vom Urknall zum Menschen

Einleitung: Unsere Erde ist nur ein „Staubkörnchen" am Rande des Universums. Für uns ist sie mehr!

Wie klein und unbedeutend erscheinen wir doch mit unserer Erde inmitten eines so unvorstellbar großen Sternenheeres! Und wie einsam und verloren schweben wir mit ihr durch die fast leeren, grenzenlosen Himmelsräume! Aber ist unser Heimatplanet im Vergleich zu seinen übrigen, von uns erforschbaren Sterngeschwistern wirklich so unbedeutend, wie es scheint? Nein, soweit wir bisher feststellen konnten, spielt er unter ihnen sogar eine ganz hervorragende Rolle. Unsere Mutter Erde ist tatsächlich einzigartig".[50]

So konnte Werner Heisenberg sagen: „Im astronomischen Universum ist die Erde nur ein winziges Staubkörnchen in einem der unzähligen Milchstraßensysteme, für uns aber ist sie die Mitte der Welt – sie ist wirklich die Mitte der Welt."[51] Warum? Weil sie in der Lage war, Leben und Geist hervorzubringen. Wie konnte das geschehen?

---

50 Hitzbleck, E.: *Die Schöpfung als Gottes Offenbarung*. Hänssler Verlag, Neuhausen-Stuttgart, 1982, S. 84ff.

51 Heisenberg W.: *Schritt über Grenzen*, Piper Verlag, München, 1973, S. 349.

Das Undenkbare wird möglich.

Aus lebloser Materie entstehen Leben und Geist, aber ein Leben, das von Anfang an zum Scheitern verurteilt war.

Die Erde schuf sich selbst die Bedingungen,
Organismen zu haben,
und dann Organismen mit Bewusstsein,
Menschen...
Heiß und öde, rauchend, Lava speiend,
flüssiges Gas,
schien es, dass die Erde keine Zukunft hat.
Wer hätte gedacht, dass aus jener züngelnden Magma
Wälder hervorkommen sollten,
Städte, Gesänge und Sehnsucht?

ERNESTO CARDENAL[52]

Einleitung:

Wo ist Leben entstanden? Kam es von anderen Planeten? Hat es sich in Vulkanen entwickelt? Unabhängig von diesen Erklärungsversuchen ist die Frage wichtig: Wie konnte aus lebloser Materie Leben entstehen? Versuchen wir, die „Lebens-Geschichte“ zurückzuverfolgen.

52 Cardenal, Ernesto: *Wir sind Sternenstaub.* Peter Hammer Verlag, Wuppertal, 1993, S. 48.

Einige „Phasen" der Evolution

10. Säugetiere: Das befruchtete Ei entwickelt sich im Körper der „Mutter": Affen; Affenmenschen; Mensch

9. Reptilien (Pflanzen- und Tierfresser): Ihre Eier sind an Trockenheit angepasst.

8. Amphibien: Ihre Eier ertragen eine gewisse Trockenheit.

7. Amphibien: (Frösche und Kröten): Sie legen ihre Eier im Wasser ab.

6. Tiere wandern aufs Land.

5. Pflanzen „wandern" aufs Land.

4. Freier Sauerstoff ermöglicht leistungsfähigere Lebewesen.
Sauerstoffatmende Tiere = früheste Vorfahren des Menschen. Durch den freien Sauerstoff entsteht die Ozonschicht = Schutz vor UV-Strahlen der Sonne.

3. Durch Photosynthese* gewinnt die Pflanze Zucker.
* Photosynthese: Energiegewinnung aus dem Sonnenlicht mit Hilfe des Chlorophylls.
Pflanze baut mit Zucker weitere für das Wachstum wichtige Substanzen auf. Bei der Photosynthese entsteht freier Sauerstoff als Abfallprodukt.

2. Durch Gärung entsteht Energie.
Es entstehen neue komplizierte Substanzen, die sich selbst vermehren können. Sie holen ihre Energie zum Leben aus der Gärung = Zersetzung der „Organischen Ursuppe" (vgl. Pilze, Bakterien). Dabei entstehen Energie und Kohlendioxid als Abfall.

1. Entstehung der Aminosäure aus Wasserdampf, Wasser-Stoff, Ammoniak, Methan und Energie. Aminosäure = Bausteine des Lebens, Bausteine von Eiweiß, „Organische Suppe"

Ausgangssituation vor 4 Milliarden Jahren:
Klima: tropisch, Nebel, Wolken, Regen, Gewitter – keine Spur von Leben
Vulkane speien Staub und Lava – kein Gedanke an Leben
2/3 der Erde = endloses Meer; Energie: Sonne (UV), Gewitter (Blitze)
Atmosphäre: Wasserdampf, Wasserstoff, Ammoniak, Methan – alles giftige Gase

Nichts außer Felsen, Meer und giftigen Gasen

Der Weg bis zur Entstehung des Lebens war noch sehr weit. Giftige Gase und lebensfeindliche Strahlen der Sonne gaben den Startschuss für eine Entwicklung, die sich in vielen Stufen vollzog. Es ist 4 Milliarden Jahre vor dem Auftreten des Menschen. Ein endloses Meer bedeckt mehr als zwei Drittel der Erdoberfläche. Den Rest nimmt ein einziger riesiger Kontinent ein, der aus braunen Felsen besteht und hier und da von hellen Flecken glitzernder Minerale unterbrochen wird. Fast überall speien Vulkane Staub und Dampf oder blutrote Lavaströme, die bald schwarz und hart werden Das Klima ist tropisch und feucht mit örtlichen Nebeln, Wolken, Regenfällen und Gewitterstürmen. Wellen und Wind peitschen das Land.

In dieser Zeit lässt sich noch kein sichtbares oder hörbares Zeichen von Leben auf der Erde feststellen. Das Meer ist unbelebt, das Land zeigt keine Spur von Grün. Die Atmosphäre enthält keinen freien Sauerstoff zum Atmen: Sie besteht hauptsächlich aus Wasserdampf, Wasserstoff und den beiden giftigen Gasen Ammoniak und Methan. Die Sonne sendet unaufhörlich ihre lebensfeindlichen ultravioletten Strahlen auf die Erde. In solch einer Umgebung kann sich kein Leben entwickeln. Und doch sind diese Gifte und Strahlen Voraussetzung für das Entstehen von Leben, das sich in vielen Stufen entwickelt:

Vom Blitz getroffen

Wichtig und interessant ist für uns nun die Frage:
Wie konnten die Bausteine des Lebens entstehen? Wie konnte aus lebloser Materie Leben entstehen?

Diese Frage beschäftigte die Naturwissenschaftler bis in die Mitte der 50er Jahre. Wie konnten die Bausteine des Lebens entstehen, ohne dass es Lebewesen gab, die sie produzierten? Im Jahre 1953 fand der Chemiestudent Stanley Miller in Chicago die richtige Antwort. Er ahmte die Verhältnisse, die damals auf der Urerde geherrscht haben, im Labor nach:

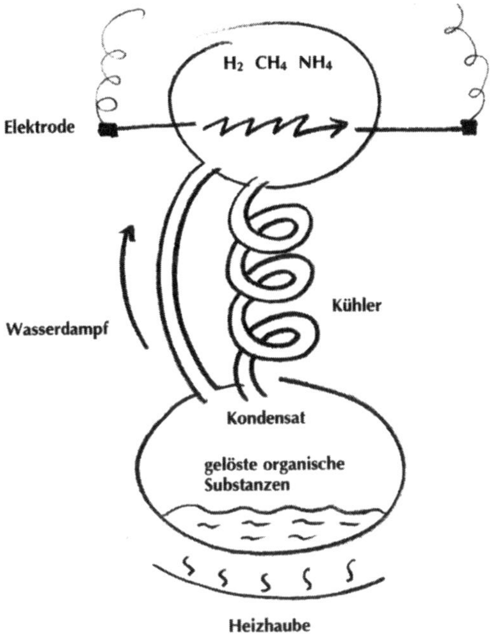

In der Uratmosphäre waren u.a. die einfachen chemischen Verbindungen Methan, Ammoniak und Wasser vorhanden. Wenn zwischen ihnen eine chemische Reaktion stattfinden soll, muss zu diesen chemischen Verbindungen eine Energiequelle hinzukommen. Als solche kamen auf der Urerde das UV-Licht der Sonne oder elektrische Entladungen (Gewitterblitze) in Frage. So schloss Miller die drei chemischen Verbindungen in einem Glaskolben ein, legte eine Hochspannung an und sorgte dafür, dass die im Glaskolben enthaltene Mischung von heftigen Funkenentladungen getroffen wurde.

Schon nach 24 Stunden schaltete er den Hochspannungsgenerator ab. Gespannt untersuchte er das Ergebnis seines Versuchs. Was er fand, überraschte nicht nur ihn, sondern in gleicher Weise die gesamte Fachwelt: In seinem Glaskolben hatten sich nämlich drei Aminosäuren gebildet. Diese gehören zu den insgesamt zwanzig Aminosäuren, die die »Bausteine« unseres Lebens sind.

Doch was war geschehen? Das Ausgangsmaterial Methan, Ammoniak und Wasser wurde durch die Funken völlig zertrümmert. Die Bruchstücke schlossen sich dann wieder zusammen, jedoch nicht nur in der alten Form, sondern auch in völlig neuen Verbindungen. Dass dabei gerade diese drei Aminosäuren entstanden, hängt mit der atomaren Struktur der Trümmerstücke zusammen und den Gesetzen, die im Bereich der Atome gelten. Diese sorgen dafür, dass sich chemische Elemente mit „Vorliebe" mit ganz bestimmten anderen Elementen verbinden und dabei etwas völlig Neues bilden.

Das, was Miller im Labor herstellte, hat ihm die Natur vor *3,5* bis 4 Milliarden Jahren vorgemacht, als sie die Bausteine des Lebens schuf. Liegt die Vermutung nicht nahe, dass die im Bereich der Atome geltenden Gesetze und das vor vielen Milliarden Jahren entstandene Ausgangsmaterial Methan, Ammoniak und Wasser die Voraussetzungen bilden sollten für die Entstehung und Entwicklung des Lebens? Stellt sich hier nicht schon die Frage nach einem vorgegebenen Plan? Und mehr noch: Enthält dieser Plan nicht schöpferische Momente, die stets etwas Neues hervorbringen? Die Aminosäure ist etwas ganz anderes als die Summe der chemischen Elemente, aus denen sie zusammengesetzt ist. Sie ist etwas völlig Neues, das die Natur hervorgebracht hat.

In der Chemie spricht man von der Affinität. (Affinität = Verwandtschaft). Übertragen auf zwischenmenschliche Beziehungen könnte das bedeuten: Sympathie, Freundschaft, Verbindung eingehen. Aus dieser Verbindung entsteht etwas **„Neues"**. Aufgrund dieses Gesetzes finden **Methan, Ammoniak und Wasserstoff zusammen**, um die Aminosäure zu bilden – die Bausteine des Lebens.

In einem Interview gab mir Hans-Peter Dürr vom Max-Planck-Institut folgende Erklärung: Das ganze Evolutionsgeschehen ist Ausgestaltung von immer dem einen, das am Anfang ist. So auch die Entstehung des Lebens: Die Stoffe, die sich verbunden haben, haben voneinander „gewusst". So wie zwei Finger, die sich aufeinander zubewegen, deswegen „begegnen", weil sie voneinander wissen. So haben Methan, Ammoniak und Wasserstoff zusammengefunden, weil sie durch den gemeinsamen Ursprung voneinander „wissen". Das entspricht dem modernen naturwissenschaftlichen Weltbild, wie es Planck, Einstein, Dürr u.a. sehen. Die Entstehung des Lebens hängt also mit dem Anfang zusammen. (Siehe 2. Kapitel)

Doch die Entwicklung geht weiter.

Als Nächstes fanden diese Moleküle in winzigen Strukturen zusammen und nahmen eine Aufgabenteilung vor: Einige Moleküle bildeten eine Schutzhaut, andere – vermehrungsfähige – Moleküle fügten sich zu einem Informationsträger im Innern zusammen. Es entstand die erste Zelle. Die Außenhaut sorgte dafür, dass nur solche Stoffe ins Innere der Zelle gelangen, aus denen dann die fortpflanzungsfähigen Erbinformationsträger sich selbst teilen und vermehren konnten. So wurden durch Zellteilung aus einer Zelle zwei Zellen. Bei jeder solchen Teilung bekommt die Tochterzelle das Erbgut der Mutterzelle mit auf den Weg. Die Vermehrung und später die Fortpflanzung ist sicherlich eine der wichtigsten Erfindungen der Natur. Informationen, die im Erbgut der Zelle vorhanden sind, werden an die nächste Generation weitergegeben.

Abbildung: Aufbau einer Zelle

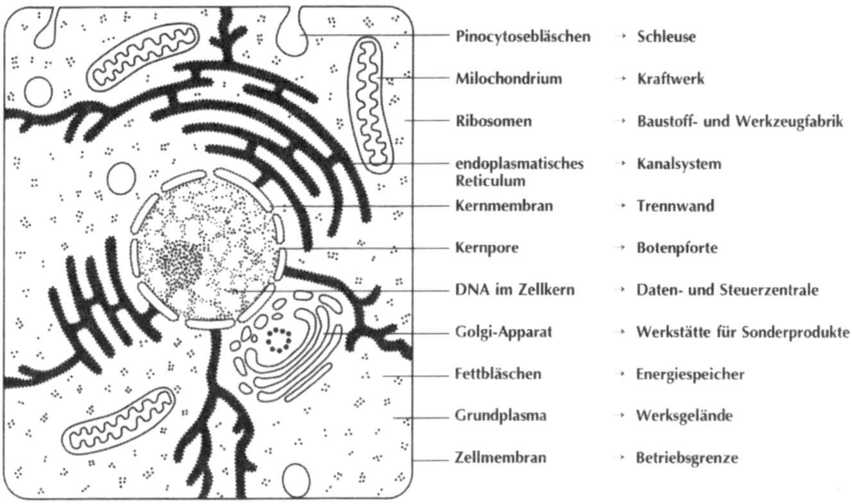

Die Abbildung zeigt, wie elektronenoptische Aufnahmen den **Aufbau einer Zelle mit Kern** nahelegen. Interessant ist der (grobe) Vergleich mit einer chemischen Fabrik. Ist es nicht erstaunlich, welche „Ideen" die Natur bereits am Anfang der Evolution hatte?

Nicht nur das. Sie hatte nicht nur die Ideen, sie fand auch einen Weg, sie umzusetzen. Die Zelle ist ein sehr kompliziertes Gebilde, das nur dann seine Aufgaben erfüllen kann, wenn all seine Teile fehlerfrei zusammenwirken. Die Zelle hat im Normalfall eine Größe zwischen 0,01 und 0,2 Millimeter. „Dennoch besitzt sie ein Produktionsprogramm, das jedes Chemiegroßunternehmen in den Schatten stellen kann."[53] Kein Wunder, dass Fred Hoyle dafür einen außergewöhnlichen Vergleich fand. Für ihn ist „die spontane Entstehung einer Zelle aus Molekülen nicht wahrscheinlicher als der zufällige Zusammenbau eines Jumbo-Jets aus dessen Einzelteilen auf einem Schrottplatz, wenn der Wirbelwind darüber hinwegfegte."[54]

Ein unvorhergesehenes Energieproblem

Die zunächst sehr kleinen Lebewesen, die sich in der »Ursuppe« bildeten, können nicht durch Einatmen von Sauerstoff gelebt haben. Denn es gab noch keinen freien Sauerstoff in der Luft. Die Energie, die sie zum Leben brauchten, gewannen sie dadurch, dass sie die Stoffe der organischen Suppe durch Gärung zersetzten. Diesen Prozess wenden auch heute noch viele Bakterien und Pilze an. Die ersten Lebewesen ernährten sich also von denjenigen Stoffen, aus denen sie selbst entstanden waren.

Das hatte zur Folge, dass die organische Suppe des Meeres schließlich aufgezehrt wurde. Das bedeutet: Ende des Lebensprozesses, der gerade erst begonnen hatte. Aber diese Krise trat nicht ein. Die Natur fand einen unwahrscheinlichen Ausweg: Sie gab bereits den einfachsten Lebewesen die Fähigkeit mit, sich den Forderungen der Umwelt anzupassen. Das geschah auch jetzt:[55]

---

53 Reitz, M.: *Leben jenseits der Lichtjahre – die Wissenschaft auf der Suche nach außerirdischen Intelligenzen.* Insel Verlag, Frankfurt/M. 1996, S. 48.

54 Geo, Hamburg, Januar 1996, S. 54.

55 Näheres bei: Reader, J. / Gurche, J.: *Aufstieg des Lebens. Die ersten 3,5 Milliarden Jahre.* Interbook Verlagsgesellschaft, Hamburg 1987, S. 31.

Das Leben entdeckt das Sonnenlicht

Bisher holten sich die Organismen ihre Energie durch Gärung aus der Ursuppe. Bei diesem Prozess bildet sich Kohlendioxid. Das sind Gasbläschen, die ein gegorenes Getränk wie Bier und Sekt beleben. Dieses Abfallprodukt der Gärung wurde vor etwa drei Milliarden Jahren zum Ausgangsprodukt für neue Lebensformen. In den mikroskopisch kleinen Lebewesen fand eine Mutation (Änderung im Erbgut) statt, wodurch sie die Kraftquelle der Sonne für ihr Wachstum und ihre Vermehrung nutzbar machen konnten. Über eine Vielzahl chemischer Reaktionen wurde nun aus den Rohstoffen Kohlendioxid und Wasser in den Zellen der Pflanzen Zucker hergestellt. Für diesen Vorgang benötigten die Zellen Energie, die sie mit Hilfe des grünen Farbstoffs Chlorophyll unmittelbar aus dem Sonnenlicht gewannen. Man bezeichnet diesen Vorgang Photosynthese. Aus dem gewonnenen Zucker baut die Zelle alle weiteren organischen Substanzen auf, die zu ihrem Wachstum erforderlich sind. Die Zellen waren nun in der Lage, die Sonnenenergie für ihre Lebensvorgänge zu nutzen.

Die Photosynthese war sicherlich ein großer Erfolg der Evolution. Sie hatte das Leben aus einer Sackgasse herausgeführt, stellte es aber vor ein neues schier unlösbares Problem. Wie die Gärung, so hinterließ auch die Photosynthese ein Abfallprodukt: den freien – aber schädlichen[56] – Sauerstoff. Die Erde war zunächst in der Lage, durch genügend Metalle und Schwefelverbindungen, die unter anderem aus vulkanischen Quellen stammen, den Sauerstoff zu binden. Über Millionen von Jahren ging es ganz gut so. Dann waren die Metalle gesättigt. Der Sauerstoff sammelte sich in der Atmosphäre an und führte zu einer Sauerstoff-Umwelt-Verschmutzung – eine Katastrophe noch nie da gewesenen Umfangs.

---

56 Freier Sauerstoff ist nach F. Capra deshalb schädlich, weil er leicht mit organischer Materie reagiert und dabei zerstörerisch wirken kann.

Aus der Krise wächst das Rettende.

Doch schließlich führte diese Sauerstoffkrise zu einer der großartigsten und erfolgreichsten Neuerungen in der Geschichte der Evolution und des Lebens[57]: In einem der größten Coups aller Zeiten erfanden die Bakterien ein Stoffwechselsystem, für das genau die Substanz benötigt wurde, die vorher schädlich war: die Sauerstoffatmung. Sie war eine genial wirksame Möglichkeit, den Sauerstoffgehalt der Luft zu regulieren. „Aber dieser Wandel wurde nicht von einer einzigen vernunftbegabten Spezies verursacht, die bewusst ihre eigenen materiellen Ziele verfolgte, sondern von zahllosen denkunfähigen Arten, die gemeinsam und unbewusst neue Stoffwechselwege in Gang setzten."[58] Die Erzeugung von Sauerstoff durch Photosynthese und die Verwendung des freigewordenen Sauerstoffs durch die Atmung kamen so ins Gleichgewicht.

Nicht genug damit. Die Sauerstoff atmenden Lebewesen sorgten dafür, dass der Sauerstoffgehalt der Atmosphäre bei 21 Prozent lag. Fiele er unter 15 Prozent, könnten Organismen nicht atmen. Sie würden einfach ersticken. Wäre er über 25 Prozent, würde auf der Erde alles wie durch einen Feuersturm verbrennen. Das Leben auf unserer Erde hat es geschafft, den Sauerstoffgehalt so zu regulieren, wie ihn Pflanzen und Tiere seit Jahrmillionen benötigen. Auch hier zeigt sich: Das Leben ist ein Triumph der Genialität und Kreativität der Natur.

Zahlreiche neue Pflanzen und Tiere konnten nun entstehen und sich weiter entwickeln. Die Sauerstoff atmenden Tiere waren die frühesten Vorfahren des Menschen.

Außerdem baute sich im oberen Bereich der Atmosphäre eine Schicht aus Ozon[59] auf. Während bisher die lebensfeindlichen UV-Strahlen der Sonne in ihrer vollen Stärke die Erde erreichten – sie waren für die ersten Entwicklungsstufen auch notwendig –, bildete nun der Sauerstoff eine Ozonschicht, die das neue Leben schützte. „Das Leben schafft sich so einen Schutzschild, der das

---

57 Näheres bei Capra F.: *Lebensnetz.* Scherz Verlag, Bern 1996, S. 275; Capra beruft sich bei diesen Überlegungen auf Margulis und Sagan.

58 Leakey, R. / Lewin R.: *Die sechste Auslöschung.* Fischer Verlag, Frankfurt/M, 1996, S. 282f.

59 Dreiatomige Sauerstoffmoleküle

lebensnotwendige (weil Energie bringende) Licht der Sonne passieren lässt, aber den lebensfeindlichen Teil der Sonnenstrahlen abfängt.“[60]

Tabelle: Zeitlicher Ablauf der Evolution

vor 100 000 Jahren:	homo sapiens
vor 1,8 Millionen Jahren:	homo erectus – beginnende Gehirnspezialisierung, Sozialisation, Sprache, Kultur
vor 2,0 Millionen Jahren:	homo habilis
vor 14 Millionen Jahren:	Rama pithecus – erste Vorformen des Menschen
vor 75 Millionen Jahren:	Vögel
vor 200 Millionen Jahren:	Säugetiere
vor 300 Millionen Jahren:	Reptilien
vor 400 Millionen Jahren:	Amphibien
vor 500 Millionen Jahren:	die ersten Wirbeltiere
vor 1 Milliarde Jahren:	vielzellige Tiere und Pflanzen; Entstehung der Sexualität
vor 1,5 Milliarden Jahren:	eukariotische Zellen als Grundbaustein für Tiere und Pflanzen
vor 2 Milliarden Jahren:	Bakterien
vor 2,5 Milliarden Jahren:	Auftreten der anaeroben Bakterien, der Bakterien, die keinen Sauerstoff benötigen; Zellen
vor 3 Milliarden Jahren:	die Hyperzyklen waren die Vorform von jenen Strukturen, die Vererbung möglich machten
vor 3,3 Milliarden Jahren:	Entstehung der Pränukleotiden und der Proteine
vor 3,5 Milliarden Jahren:	Bildung organischer Moleküle aus der Ursuppe

60 Bresch, C.: *Zwischenstufe Leben.* Piper Verlag, München, 1977, S. 122.

„Der Schritt aufs Land war die Reise auf einen anderen Planeten."

Der Lebensraum im Wasser war für die zahlreichen Pflanzen und Tiere, die inzwischen entstanden waren, zu klein geworden. Neue Möglichkeiten mussten gesucht werden, wenn sich das Leben weiter entwickeln sollte. Aber wo? Der Gedanke liegt nahe: Ausweichen aufs Festland, das viel Platz bot. Das war leichter gesagt als getan. Und doch blieb nichts anderes übrig. Zahlreiche Probleme waren zu lösen. Neue Entwicklungen waren erforderlich. Wiederum war es die Natur, die den Anpassungsprozess ermöglichte.

Im Wasser brauchen Pflanzen keine tragenden Teile. Sie werden vom Wasser gehalten. Sie brauchen auch keinen Schutz vor Austrocknung. Mit diesen und vielen anderen Schwierigkeiten musste die Natur fertig werden. Und sie tat es, indem sie sich langsam „vortastete". Zunächst entstanden Gräser und Schachtelhalme. Nach längerer Zeit entwickelten sich feste Holzstämme, die den Pflanzen Halt gaben. Im Innern der Holzstämme brachte ein „Wasserleitungssystem" Wasser und Nährstoffe aus dem Boden zur Krone.

Um zu demonstrieren, wie klug die Natur gehandelt hat, als sich die Bäume entwickelten, nahm ich junge Menschen mit zu einem Brunnen, der nur im unteren Teil mit Wasser gefüllt war. Wie können wir das Wasser heben? Ganz einfach. Wir nahmen einen Eimer, banden ihn an einen Strick, ließen ihn in den Brunnen hinab, füllten ihn mit Wasser und zogen ihn hoch. Das war sicherlich eine Lösung. Sie setzt aber voraus, dass man einen Eimer und einen Strick zur Hand hat. Das hatte die Natur vor 400 Millionen Jahren sicherlich nicht. – Eine andere Lösung: Wir stellten einfach ein Rohr in den Brunnen. Auch das funktionierte nicht. Das Wasser kam nicht „von selbst" nach oben. Schließlich kam einer auf die Idee, man müsse das Wasser durch das Rohr ansaugen. Genau das ist es, was die Natur – ohne Anregung von außen – getan hat. Sie saugt das Wasser mit den darin enthaltenden Nährstoffen aus dem Boden durch den Stamm in die Blätter. Die Blätter lassen das Wasser verdunsten. Sie sorgen dafür, dass dadurch ein Unterdruck entsteht, der ständig Wasser in die Krone nachliefert. Die Frage bleibt noch offen: Wie viel Wasser braucht ein Baum? In der Natur findet sich die Antwort. Auf den Blättern sind kleine „Pfropfen" angebracht, die den Wasserhaushalt regulieren.

Und die Tiere? Auch sie machten sich im Wasser ihren Lebensraum streitig. Auch ihnen blieb nichts anderes übrig, als einen Ausweg zu suchen. Und sie fanden ihn:

Innerhalb weniger Millionen Jahre verwandelte sich das Land in einen reich gedeckten Tisch für jedes Tier, das sich dorthin wagen würde. Somit waren die Voraussetzungen für den Auszug aufs Land geschaffen.

Für die Tiere war dieser Schritt – ähnlich wie vorher für die Pflanzen – ein sehr komplizierter Vorgang. Im Wasser wurden die Fische getragen. An Land mussten sie nun mit den Problemen der Schwerkraft und der Austrocknung fertig werden. „Mit welchen Risiken der Auszug aus dem Wasser verbunden ist, lässt sich auch heute beobachten: Wenn ein tonnenschwerer Wal an den Strand geschwemmt wird, stirbt er nicht, weil er erstickt, denn auch er ist ja mit einer Lunge ausgestattet. Er verendet, weil er von seinem eigenen Körpergewicht erdrückt wird.

Wenn das Leben aber an Land eine Chance haben sollte, dann brauchten die Tiere einen Körperbau, der mit ganz ungewohnten Belastungen fertig wurde. Sie konnten ihr gigantisches Körpergewicht tragen, weil ihre Wirbelsäule bogenförmig konstruiert war wie eine Brücke. Ein Prinzip, das sich bis heute gehalten hat.“[61]

Auch Sinnesorgane änderten sich. Zunächst das Auge: Die Lichtbrechung im Wasser ist anders als die in der Luft. Während die Fische das Auge aus dem Meer mitbrachten, musste sich das Ohr als ein noch komplizierteres Organ völlig neu entwickeln. Das war sehr wichtig. Das Ohr nimmt Schallsignale auf, die es weiterleitet. Es überwacht die Bewegungen des Körpers, damit dieser nicht das Gleichgewicht verliert. Wenn man bedenkt, wie kompliziert die Aufgaben sind, die allein Auge und Ohr erfüllen, kann man sich leicht vorstellen, wie viele einzelne Schritte nötig waren, bis beide Organe (um-) konstruiert und funktionsfähig waren.

Die ersten Fische, die den Schritt aufs Land wagten, waren die Schlammspringer. Im Laufe der Zeit entstanden Lebewesen mit einer völlig neuen Lebensweise. Es waren die Amphibien. Auf dem Weg zum Menschen war dieser

---

61 P.M. Perspektive, *Das Wunder der Evolution*, Gruner & Jahr, München, 2003, S. 28.

Schritt von großer Bedeutung: Ein solches Tier schlüpfte aus dem Ei, das im Wasser abgelegt war. Nach dem Kaulquappenstadium verschwanden Schwanz und Kiemen, und an den Seiten bildeten sich Beine. Das Tier kletterte aus dem Wasser, legte aber seine Eier weiterhin im Wasser ab. An diese Lebensform erinnern uns heute noch Frösche und Kröten.

Irgendwann geschah es, dass eine Amphibienart Eier legte, die einen gewissen Grad an Trockenheit ertrugen, ja, die sogar gänzlich unabhängig wurden von der feuchten Umgebung des Wassers. Das Ei selbst war ein wunderbarer Miniaturteich, in dem die Jungen heranwachsen konnten, bis sie alt genug waren, um für sich selbst zu sorgen. Aus diesen Amphibien entwickelten sich schließlich die Reptilien. Zu ihnen gehören große und kleine Pflanzen- und Tierfresser. Das geheimnisvollste Ereignis in der Geschichte des Lebens war das Auftreten der Säugetiere. Während sich bisher das befruchtete Ei außerhalb des weiblichen Körpers entwickelte, konnte es nun im Körper der „Mutter“ heranreifen. Zu den Säugetieren gehören die Affen und Menschenaffen, die Vorfahren der Menschen.

Die Unterschiede zwischen Reptilien und Säugetieren sind beträchtlich. Reptilien sind Kaltblüter. Sie sind darauf angewiesen, dass ihre Körpertemperatur durch äußere Wärmequellen auf die jeweils erforderliche Höhe gebracht wird. Jeden Morgen wärmen sie sich auf, bevor sie aktiv werden. Am Abend verlieren sie rasch wieder ihre Körperwärme, weil sie über keinerlei Isolierung verfügen. Diese würde die Wärmeaufnahme am Morgen behindern. Säugetiere dagegen erzeugen Wärme im Körperinnern. Sie sind Warmblüter. Fettschichten und Behaarung wirken als Isolierung. Eine gleich bleibende Körpertemperatur bedeutet, dass Säugetiere zu größerer und anhaltender Aktivität fähig sind, was allerdings eine regelmäßigere und größere Menge an Nahrung erforderlich macht.

Außerdem verfügen die Säugetiere über ein System der Fortpflanzung, bei dem sich die Jungen nach der Empfängnis im Mutterleib schon weitgehend entwickeln. Nach der Geburt werden sie noch eine Zeit lang aus den Milchdrüsen der Mutter mit Nahrung versorgt. Im Gegensatz dazu müssen die aus den Eiern geschlüpften jungen Reptilien vom ersten Tag an für sich selbst sorgen. All dies führte dazu, dass die Überlebensrate bei den jungen Säugetieren wesentlich höher war als bei den Reptilien. Außerdem war auf diese Weise, was ebenso wichtig ist, bei den Säugetieren genügend Zeit vorhanden für die Entwicklung eines komplizierteren Organismus und eines Gehirns, das zu mehr imstande ist als nur zu den rein instinktiven Reaktionen der Reptilien.[62]

---

62 Näheres zu diesem Thema bei: Reader, J., Gurche, J.: *Aufstieg des Lebens. Die ersten 3,5 Milliarden Jahre.* Hamburg, 1987, S. 120.

Der Mensch im Kosmos

Der Ursprung und der lange Weg des Menschen

Bis zur Mitte des 19. Jahrhunderts glaubte man, alle lebenden Wesen seien bei der Schöpfung jedes für sich erschaffen worden. Seit Darwin wissen wir: Menschen und höhere Affen haben gemeinsame Vorfahren. Das heißt jedoch nicht – wie man so oft hört –, dass der Mensch vom Affen abstammt! Der Prozess, der zur Bildung unserer Art führte, ist in großen Teilen noch völlig unbekannt. Er gehört zu den kompliziertesten Problemen der Biologie.

Vor etwa 10 Millionen Jahren trat in Afrika eine langsame Klimaveränderung ein. Steppen entstanden dort, wo vorher Urwald war. Diese neue Situation erforderte eine Anpassung für jene Affen, die bisher im Urwald gelebt hatten. Diese Umstellung verlangte eine Zusammenarbeit in der Gruppe, Verständigung und Weitergabe von Erfahrungen und infolgedessen eine höhere „Intelligenz". Die aufrechte Haltung verschaffte diesen menschenähnlichen Affen (Australopithecus = „Südaffen") ein weiteres Blickfeld und befreite ihre Hände von der bisherigen Stützfunktion. Sie konnten einfache Werkzeuge herstellen und benutzen. Das war ein wichtiger Schritt auf dem langen Weg zur „Mensch-Werdung".

Die ersten Formen, die man zur Gattung Mensch zählen kann, gehören der Gruppe von „Homo habilis" (geschickter Mensch) an. Sie bewohnte Afrika vor etwa 2 Millionen Jahren bis vor eineinhalb Millionen Jahren.

Im Vergleich zum Australopithecus besaß der Homo habilis ein größeres Gehirn, ein menschenähnlicheres Gesicht und ein Becken, das besser an den aufrechten Gang angepasst war. Er war in der Lage, Kinder mit größerem Kopfumfang zu gebären. Der „Homo habilis" war der erste, der Steinwerkzeuge herstellen konnte. Es gibt Hinweise dafür, dass er kleine Rundhütten baute, die ersten Gebäude der Erde.

Vor etwa 1,6 Millionen Jahren bis vor 200 000 Jahren lebte der „Homo erectus" (= aufrechter Mensch), der in mehrfacher Hinsicht fortschrittlicher als seine Vorgänger war. Er fertigte und benutzte mehr Werkzeuge und machte sich das Feuer nutzbar. So entdeckte er, dass man durch Reiben zweier Stöcke Funken und damit Feuer erzeugen konnte. Das Feuer spielte fortan im Familienleben eine zentrale Rolle: Es wärmte die Menschen und ermöglichte das Kochen der Nahrung. Es hielt Raubtiere ab und wurde zur Jagd benutzt. All diese Fähigkeiten machten es dem „Homo erectus" möglich, neue Lebensräume zu erschließen. Sie waren die ersten Menschen, die außer in Afrika auch in Asien und Europa vorkamen. In mehreren Millionen von Jahren entstanden infolge langsamer Anpassung unterschiedliche Formen.

Die „Homo erectus"-Menschen waren die ersten, die während der Warmzeiten bis ins nördliche Europa vordrangen. Vor *250* 000 Jahren begannen sie, sich an kältere Klimazonen anzupassen, bis dann *150* 000 Jahre später eine Vorstufe des modernen Menschen auftrat. Es war der „Homo sapiens" (= weiser Mensch). Zu dieser Gruppe gehört auch der Neandertaler. Er ähnelte dem heutigen Menschen sehr stark. In moderner Kleidung – so sagt man – würde er heute kaum auffallen. „Bei den Neandertalern finden wir zuerst das, was man „menschliche Regungen" nennt: Sie sorgten für Kranke und Schwache, bestatteten ihre Toten und hatten wahrscheinlich auch eine Art von Religion.

Vor etwa 35 000 Jahren wurde der Neandertaler ganz plötzlich vom Menschen in seiner heutigen Gestalt – vom „Homo sapiens sapiens" – abgelöst, der sich inzwischen im wärmeren afrikanischen Klima entwickelt hatte. Er besiedelte weite Teile der Erde, darunter auch das endeiszeitliche Europa und sogar Australien."[63]

„Seit die Neandertaler vor etwa 40 000 Jahren als erste Menschen ihre Toten bestatteten, haben die meisten Völker ihre Verstorbenen rituell begraben, verbrannt oder mumifiziert. Für die meisten dieser Menschen war der Tod nicht das Ende ihrer Existenz, sondern nur eine Station auf einer langen Reise. Viel-

---

63 Wilhelmi, M.: *Die ersten Menschen*. Gerstenberg Verlag, Hildesheim, 1991, S.18.

mals wurde und wird der Tod auch heute noch als der Zeitpunkt angesehen, wo die Seele den Körper verlässt, um sich einen anderen Aufenthaltsort zu suchen – im Himmel, in der Natur, in einem Grab oder im Haus. So spielt der Tod damals wie heute eine zentrale Rolle und wird von rituellen Zeremonien begleitet."[64]

Zusammenfassung

Das evolutionäre Epos, von dem hier die Rede war, beginnt also mit dem „Urknall", der vor 13,7 Milliarden Jahren stattfand. In der Hintergrundstrahlung des Universums können wir ihn immer noch „hören". „Der Kohlenstoff, aus dem wir bestehen, die Erde, auf der wir gehen, und die Luft, die wir atmen, sind vor Milliarden von Jahren aus dem Innern der Sterne entstanden, die nun erloschen sind. Die Schilderung des evolutiven Menschenbildes musste deshalb bei demjenigen Teil des evolutionären Epos einsetzen, der von der Entwicklung des Universums handelt. War das Universum mit dem Leben schwanger?"[65]

64 Wilhelmi, M. a.a.O. S. 38

65 Mortensen, V.: *Theologie der Natur als natürliche Theologie.* in: Bresch, C. u.a.: *Kann man Gott aus der Natur erkennen?* Herder, Freiburg, 1990, S. 119.

Zum Nachdenken:

„Es liegt etwas Großartiges
in dieser Ansicht von Leben,
wonach es mit all seinen Kräften
aus wenig Formen,
oder vielleicht nur einer,
ursprünglich erschaffen wurde,
und dass,
während dieser Planet
gemäß den bestimmten Kräften
der Schwerkraft
im Kreise sich bewegt,
aus einem so schlichten Anfang
eine endlose Zahl
der schönsten und wundervollsten
Formen entwickelt wurden
und noch entwickelt werden."

Charles Darwin[66]

---

66 Darwin, Charles: *Die Entstehung der Arten.* Verlag Philipp Reclam jun., Leibzig, (ohne Jahr), S. 659.

Ist der Mensch Ziel oder Zufall der Evolution?

Sind die Gedanken nur ein Geheimnis
seelenloser Materie?
Und ist die Liebe etwa nur
physisch und chemisch?
Gewiss, wir sind die Wechselwirkung
elektromagnetischer Felder.
Doch was ist dieses Geheimnis,
dass wir Menschen sind?
Die Erfinder von Computern möchten´s wissen.

ERNESTO CARDENAL [67]

Ist der Mensch Zufallprodukt der Evolution oder sogar ihr Ziel? Unwillkürlich stellen wir Menschen uns diese Fragen. Sie sind durchaus berechtigt, wie es folgende Überlegungen zeigen:

Betrachten wir die **Gravitationskraft**: Ein Apfel fällt stets zur Erde. Oder: Die Erde wird durch die Gravitationskraft – Anziehungskraft – von der Sonne angezogen. In einem Abstand von etwa 150 Millionen Kilometer bewegt sie sich um die Sonne. Dieser Abstand ist für die Entstehung und Entfaltung des Lebens „lebensnotwendig".

Wissenschaftler gehen davon aus, dass die Gravitationskraft unmittelbar nach dem Urknall entstanden ist. Für die Entstehung und Entwicklung des Universums war es wichtig, dass diese Kraft exakt die Größe hat, die sie nun hat. Wäre sie um ein Tausendmilliardstel größer oder kleiner gewesen, hätte das Universum nicht entstehen können. Wäre sie um diesen Betrag kleiner gewesen, hätten sich keine Atome und Moleküle bilden können. Alles wäre

67 Cardenal, Ernesto. a.a.O. S. 54.

auseinandergestoben. Umgekehrt, wäre sie um diesen Betrag größer gewesen, wäre keine Ausdehnung möglich gewesen. Damit sich das Weltall bilden und Leben entstehen konnte, musste die Anziehungskraft genau die Größe haben, die sie hat.

Ähnliches gilt für die **Bindungskräfte im Bereich der Atome**, die wir bereits kennen gelernt haben. Deshalb nur eine kurze Wiederholung: Atomkerne bestehen unter anderem aus positiv geladenen Protonen. Diese müssten sich gegenseitig abstoßen. Sie werden aber durch eine spezielle Kraft gehalten. Diese spezielle Kraft muss eine exakte Größe haben. Eine Abweichung um ein Tausendmilliardstel – wie vorhin – hätte das Entstehen der Atome unmöglich gemacht und damit auch das Entstehen des Universums und das Entstehen des Lebens.

Neben diesen Gesetzen und Kräften gibt es 30 bis 40 Naturkonstanten, wie zum Beispiel die Lichtgeschwindigkeit und die Elementarteilchen im Bereich der Atome. Sie sind die Bausteine, aus denen das Universum aufgebaut ist. All diese Bausteine haben eine ganz bestimmte Größe, die sich durch Zahlen ausdrücken lässt. Eine dieser Konstanten hat Max Planck gefunden: das Planck´sche Wirkungsquantum.

Max Planck fragt: Wo liegt die eigentliche Bedeutung dieser Konstanten? Sind sie eine Erfindung des menschlichen Geistes? Oder besitzen sie einen realen, von uns Menschen unabhängigen Sinn, eine von uns Menschen unabhängige Existenz?

Seine Antwort: Die universellen Konstanten sind nicht vom Menschen erfunden. Sie sind gegeben. Alle Messungen bestätigen sie. Sie gehören für Max Planck zu einer anderen Welt, die wir nicht direkt erkennen können, sondern nur durch Messungen. Diese Konstanten sind die Voraussetzung für die Existenz der Welt – auch für unsere eigene Existenz.

Aber das Wunderbare geht – wie Max Planck sagt – noch weiter. Wir erkennen: Diese elementaren Bausteine liegen nicht sinnlos nebeneinander. Nein, sie sind nach einem Plan aneinandergefügt, aufeinander bezogen. Das bedeutet: In allen Vorgängen der Natur herrscht eine erkennbare Gesetzlichkeit und Ordnung. Der Mensch versucht, diese Weltordnung zu erkennen. Er stellt fest:

Es scheint so, als wären im Universum alle Voraussetzungen erfüllt, dass der Mensch entstehen konnte, ja vielleicht sogar entstehen musste. Wir sprechen von einem **anthropischen Prinzip** (anthropos = Mensch).

Viele Naturwissenschaftler sehen das anthropische Prinzip als zu eng gefasst. Sie fragen sich: Wie steht es mit der Würde der Pflanzen und der Tiere? Dienen sie nur dem Menschen? Sind sie bedeutungslos? Sicherlich wäre es sinnvoller und für uns Menschen bescheidener zu sagen: Alle Voraussetzungen sind erfüllt, dass ***Leben*** entstehen konnte. Wir könnten dann von einem **„biotischen Prinzip"** sprechen. Dann wäre das Ziel der Evolution nicht der Mensch, sondern das Leben in all seinen Formen – wozu natürlich auch der Mensch gehört. Obwohl 98% aller Spezies auf dieser Erde vermutlich durch Asteroideneinschläge ausgestorben sind, ging das Leben weiter. Ebenso damals, als vor 65 Millionen Jahren die Dinosaurier ausstarben.

Ganz gleich, ob wir den Menschen in den Vordergrund unserer Überlegungen stellen oder das Leben – eines können wir mit Sicherheit sagen: Das „Universum musste, auf des Messers Schneide, sozusagen, eine Balance halten – und diese Schneide war in der Tat sehr scharf." [68] Wären die Anfangsbedingungen, die Gesetze und Konstanten auch nur geringfügig anders gewesen, – so lehrt die Astrophysik –, hätte kein Leben entstehen können.[69]

---

68 Wesson, Robert: Die unberechenbare Ordnung. Artemis und Winkler Verlag, München, 1993, S.358.

69 Man spricht hier von „Feinabstimmung der Naturkonstanten"

All das stellt die Frage nach dem „Warum?"

Warum haben die Konstanten gerade die Werte, die sie haben? Warum ist die Welt so, wie sie ist? Steckt dahinter ein gigantischer Zufall oder die ordnende Hand einer höheren Macht?

„Für manche religiöse Menschen offenbart sich in der Feinabstimmung der Naturkonstanten ein göttlicher Schöpfungsplan. Ein höheres Wesen, so glauben sie, habe die Weltbühne für den Auftritt unserer Spezies eingerichtet. Für die allermeisten Wissenschaftler ist diese Position unhaltbar.

Doch ist die Idee, unser Universum verdanke seine Existenz allein dem Zufall, überzeugender? Schon die Chance, im Lotto sechs Richtige plus Superzahl zu tippen, liegt bei 1:140 Millionen. Die Wahrscheinlichkeit, dass die Fundamentalgrößen des Kosmos gerade so „gewürfelt" wurden, wie wir sie beobachten, ist grotesk klein. Und selbst wenn: Hieße das nicht, ein weiterer Zufall könnte alles wieder auseinandersprengen? In einem solch anarchischen Universum fühlen sich die wenigsten Menschen heimisch."[70]

Auf die Frage nach dem „Warum?" gibt es keine naturwissenschaftlich beweisbare Antwort. Sie ist auch keine Frage an die Naturwissenschaft. Und doch machen sich zahlreiche Naturwissenschaftler Gedanken darüber. Geht es doch letztlich um die Frage: Ist der Mensch Ziel der Evolution oder nur eine zufällige Nebenerscheinung? Die Antworten können unterschiedlich ausfallen, wie es einige Beispiele zeigen:

Von dem Physiker und Nobelpreisträger **Steven Weinberg** ist der Satz bekannt. „Je verständlicher das Universum erscheint, desto sinnloser erscheint es."

De Duve, ebenfalls Nobelpreisträger, kommt zu einem anderen Ergebnis: „Intellektuelle und manche Wissenschaftler vertreten die Ansicht, dass das Ergebnis einer zufälligen Änderung bedeutungslos sein müsse. Wohl spielt

---

70 Bachmann, Klaus: *...und wenn das Universum wankte.* Geo 06/2008, S. 160.

der Zufall eine große Rolle in der Evolution, aber das Ergebnis ist höchst bedeutungsvoll."

Jacques Monod – Biologe und Nobelpreisträger – meint:
„Der alte Bund ist zerbrochen. Jetzt weiß der Mensch endlich, dass er in der teilnahmslosen Unermesslichkeit des Universums allein ist, aus der er nur zufällig hervortrat." Für Jacques Monod ist die Existenz des Menschen eine „Gewinnnummer in der gigantischen Lotterie der Natur". Der Mensch ist nicht Ziel der Evolution, sondern ein „Zigeuner am Rande des Universums, das für seine Musik taub ist und gleichgültig gegenüber seinen Hoffnungen, Leiden und Verbrechen."[71]

Freeman Dyson, ein prominenter Physiker und Astrophysiker, antwortet Jacques Monod: „Gewiss sind wir durch Zufall in diesem Universum aufgetaucht, aber der Begriff Zufall selbst ist nichts als ein Deckmäntelchen für unsere Unwissenheit. Ich komme mir in diesem Universum nicht wie ein Fremdling vor, und je mehr ich es untersuche und die Einzelheiten seines Baus studiere, desto mehr Belege finde ich dafür, dass das Universum in irgendeinem Sinn von unserm Auftreten gewusst haben muss." [72]

Ähnlich sieht es **Paul Davies**, Professor für theoretische Physik: [73]

„Wir, die Kinder des Universums – belebter Sternenstaub – wir können über dieses Universum nachdenken und sogar Einblick in die Regeln erhaschen, nach denen es abläuft. Wie wir mit dieser kosmischen Dimension verbunden wurden, ist ein Geheimnis. Aber die Verbindung lässt sich nicht leugnen." Paul Davies fragt dann: „Was bedeutet das? Was ist der Mensch, dass er diese Gunst genießt?" Seine Antwort: „Ich kann nicht glauben, dass unsere Existenz in diesem Weltall eine Laune des Schicksals ist, ein historischer Zufall, ein kleines Versehen in dem großen kosmischen Drama. Wir sind zu beteiligt … die Existenz von Geist und Verstand in einem Lebewesen auf einem Planeten

71 Oth, R.: *Gott auf dem Prüfstand.* Scherz Verlag, München, 1982, S. 274f.

72 Institute for Advanced Study in Princeton

73 Paul Davies war früher in England und ist jetzt in Australien.

im Weltall ist sicherlich eine höchst bedeutungsvolle Tatsache. ... Das kann kein unwichtiges Nebenprodukt sinnloser, zielloser Kräfte sein. Wir sind dazu da, hier zu sein."

So führt für **John Eccles** [74] „die Kette der Zufälligkeiten ... unmissverständlich auf den Planeten Erde zu, als folge sie ... einem großen Plan", wobei wir Menschen keine Kreaturen des Zufalls und der Notwendigkeit sind, sondern „Hauptdarsteller in dem großen kosmischen Drama." [75]

Vertreter eines mechanistischen Weltbildes argumentieren ganz anders. Sie sagen: Die tote und zwangsläufig völlig geistfreie Materie hat die Regeln selbst entwickelt, nach denen Leben und Geist entstehen konnten. Die Materie hat eine „natürliche Tendenz" zur Selbstorganisation, was unter günstigen Bedingungen zur Entstehung des Lebens führen kann. In dieser mechanisch entwickelnden Eigendynamik der Evolution ist eben auch der Geist aus der sich selbst organisierenden Materie hervorgegangen.

Sicher: Materie und Leben haben die Fähigkeit der Selbstorganisation. Doch: Woher und warum hat die Materie diese „natürliche Tendenz", diese Fähigkeit zur Selbstorganisation? Woher hat sie die Möglichkeit, „Geist" hervorzubringen? – Auf diese Fragen können sie keine Antwort geben.

Zum Nachdenken

Wenn die Welt entstanden ist und somit vorher nicht vorhanden war, kann der Grund für die Existenz des Universums und der Welt nach menschlicher Logik nicht innerhalb der Welt selbst liegen!

---

74 Neurophysiologe und Nobelpreisträger

75 Bresch, Carsten: *Evolutionslehre und Schöpfungsglaube.* in Diakonia, 17. Jahrgang, Heft 4, Juli 1986, S.144f.

Im Menschen kommt das gesamte Universum zum Denken – zum Nachdenken.

Der Mensch steht am (bisherigen) Ende der Evolution. Bei diesem Prozess gilt folgendes Gesetz: Jede Stufe der Evolution bildet die Voraussetzung für die folgende. Sie wird mit hineingenommen in die nächste Stufe, von ihr angenommen – ohne dass sie sich selbst aufgeben müsste – und nimmt nun teil an der besonderen Qualität dieser neuen Stufe.

Tabelle: Stufen der Evolution

Gesetz	**Stufen der Evolution**
Sie nimmt aber teil an der besonderen Qualität der höheren Stufe.	menschliches Leben
Sie wird hineingenommen in die nächsthöhere, ohne sich selbst aufzugeben.	tierisches Leben pflanzliches Leben
Jede Stufe der Evolution bildet den Unterbau für die nächste.	leblose Materie

Das bedeutet: Pflanzen bestehen aus Atomen und Molekülen. Sie integrieren diese in ihren pflanzlichen Aufbau und lassen sie teilnehmen an ihrem pflanzlichen Leben. Die Tiere übernehmen den Stoffwechsel der Pflanzen, integrieren und ergänzen ihn. So lassen sie das pflanzliche Leben an ihrem eigenen, tierischen, animalischen Leben teilnehmen. Der Mensch integriert animalische Vorgänge in seinen Körper und lässt auch sie teilnehmen an seinem menschlichen, geistigen Leben. So trägt er alle früheren Stufen der Evolution in sich: die leblose Materie – Atome und Moleküle –, das pflanzliche und das tierische Leben. Er trägt sie in sich, integriert sie in seinem Körper und lässt sie teilnehmen an seinem Geist und an seinem Selbstbewusstsein.[76] Im Menschen kommt das gesamte Universum zum Denken – zum Nachdenken.

Der Mensch ist eingebunden in die 14 Milliarden Jahre alte Geschichte des Universums.

Der Mensch nimmt naturhaft
an allem kosmischen Geschehen teil.
Er ist innerlich wie äußerlich
mit ihm verwoben.

GRUNDLAGE DER CHINESISCHEN PHILOSOPHIE

Wenn wir schon nicht mit Sicherheit von einem Plan sprechen können, dann ist es interessant nachzuspüren, wie viele Zufälle nötig waren, damit Leben entstehen konnte: Leben und bewusstes Leben.

Vor 13,7 Milliarden Jahren ereignete sich der Urknall. Eine der wichtigsten Fragen, mit denen sich Physiker (Astrophysiker) beschäftigen, lautet: Was geschah unmittelbar nach dem Urknall? In der Nähe von Genf gibt es einen Teilchenbeschleuniger (CERN). Dort können Wissenschaftler bis zu „10 hoch minus 43 Sekunden“ nach dem Urknall zurückschauen.

In einer 100stel Sekunde nach dem Urknall entstehen die Schwerkraft – ich zähle all das jetzt einfach mal auf – die starken und die schwachen Kernkräfte,

---

76 Näheres bei: Wilber, Ken: *Halbzeit der Evolution*. Goldmann Verlag, Bern/München/Wien, 1987, S. 37.

dann die Elementarteilchen – das Material der Materie: Photonen, Protonen, Elektronen, Neutronen und vieles mehr.

Aber für die Zeit 0 und für die Ursache der geheimnisvollen Urexplosion ist der Physiker in großer Verlegenheit: Wie soll er erklären, dass in einem einzigen Augenblick von unendlicher Dichte, von unvorstellbar hoher Temperatur und einem unglaublichen Anfangsschwung das ***ganze Potential für 100 Milliarden Galaxien enthalten war?***[77]

Wie kann er erklären, dass aus diesem Anfang ein Universum entsteht, das in der Lage ist, Leben und Intelligenz hervorzubringen? Das in der Lage ist, uns hervorzubringen. – Fragen, die nachdenklich machen!

Hoimar von Ditfurth schrieb das Buch „Im Anfang war der Wasserstoff." Durch die Gravitationskraft werden Wasserstoffatome, die sich nach dem Urknall als Erstes gebildet haben, zu Sternen zusammengezogen. In den Wasserstoffatomen finden Reaktionen – **Kernreaktionen –** statt, die Wasserstoff in Helium umwandeln und dabei Energie freisetzen**.** Erst jetzt beginnt der Stern zu leuchten. Helium ist gewissermaßen die „Asche", die im „Sternofen" zurückbleibt.

Ein Beispiel: In der Sonne werden in jeder Sekunde 597 Millionen Tonnen Wasserstoff in 593 Millionen Tonnen Helium umgewandelt. 4 Millionen Tonnen Masse werden in Energie umgewandelt – und in den Weltraum ausgestrahlt. Nur ein verschwindend kleiner Teil davon ermöglicht das Leben auf der Erde.

Nun ist interessant: Wasserstoff darf sich nur in einem ganz bestimmten Umfang in Helium verwandeln. Dieser Prozess darf nicht zu schnell ablaufen, weil dann der Wasserstoff zu schnell aufgebraucht – „verbrannt" ist. Zu langsam darf er auch nicht ablaufen, weil dann der Umwandlungsprozess nicht mehr stattfinden könnte. Für den exakten Ablauf dieses Prozesses sorgt eine zweite spezielle Kraft – die schwache Kraft.

---

77 nach Küng, Hans: *Der Anfang aller Dinge. Naturwissenschaft und Religion.* Piper Verlag, München/Zürich, 2005, S.60.

Die Urknalltheorie konnte lange Zeit nicht erklären, wie es möglich ist, dass wir Menschen überhaupt existieren. **Wir bestehen ja nicht aus Wasserstoff und Helium**, sondern aus den schweren Elementen Sauerstoff, Kohlenstoff, Stickstoff, Eisen usf. Wie ist das zu erklären? Woher kommen die Elemente, aus denen unser Körper besteht? Die Lösung liegt in der Tatsache, dass Sterne nicht nur geboren werden und leben. Sie sterben auch. Das geschieht in der Supernova-Explosion.

Ein mittelgroßer Stern wie unsere Sonne enthält genügend Wasserstoff, um zehn Milliarden Jahre Licht zu spenden. Dann ist der gesamte Wasserstoff in Helium umgewandelt. In diesem Augenblick verringert sich der Druck in seinem Innern. Der Stern kann dem Druck von außen, der Schwerkraft, nicht mehr standhalten. Er wird mehr und mehr zusammengedrückt. Dabei wird er dichter und heißer.

Neue und schwere Elemente können bei dieser Temperatur entstehen: Kohlenstoff, Sauerstoff, Eisen, Calcium u.a. Eines Tages wird der Stern instabil und explodiert. Dieser Ausbruch wird von den Wissenschaftlern Supernova genannt. Er schleudert jene Elemente ins Universum, aus denen sich Planeten bilden können. Unsere Erde und die Formen des Lebens konnten so entstehen. Der Tod der Sterne und die Explosion der Supernova sind die Ursachen unserer Existenz.

Das bedeutet für uns: Der Mensch ist im wahrsten Sinne des Wortes aus Sternenstaub, wie es *Brian Swimme* in einem Gedicht beschreibt:

Wer von uns denkt daran:
Das Wasser, das wir trinken,
die Luft, die wir atmen,
die Nahrung, die wir essen,
die Moleküle, aus denen unser Körper besteht –
sie alle gehen auf eine Sternenexplosion zurück.

Wir bestehen aus dem „Müll",
den die Sterne ins All geschleudert haben.
Wir sind aus Sternenstaub.

Umgekehrt gilt:

Die Sterne leben in uns fort.
Sie haben zwar das Material geschaffen,
aus dem unser Körper besteht.
Wir aber geben ihnen die Möglichkeit,
über sich selbst und das Universum nachzudenken.
„Schau dir deine Hand an.
Jedes Element wurde in Temperaturen geschmiedet,
die millionenfach heißer sind als geschmolzenes Gestein,
jedes Atom wurde in lodernder Sternenhitze geformt,
deine Augen, dein Gehirn, deine Knochen –
alles an dir ist aus Schöpfungen
dieses Sterns zusammengefügt.
Du bist dieser Stern,
in eine Lebensform gebracht,
die es dem Leben ermöglicht,
sich selbst zu erkennen.
So gesehen stimmt es:
Der Stern weiß um seine große Leistung,...
Aber nur ... durch dich."[78]

Der Mensch ist nicht nur mit dem gesamten Evolutionsprozess innerlich verbunden, sondern auch mit dem, was am Anfang war. Dass der Anfang mit einer „geistigen Dimension“ zu tun hat – wie es Anton Zeilinger und andere Physiker begründeten –, haben wir bereits gesehen[79]. Mit Recht schreibt Hans-Peter Dürr. „Das, was am Anfang war, hat Gestalt angenommen in all dem, was geworden ist.“ Oder: „Evolution ist die Ausgestaltung von immer dem Einen, das am Anfang war.“ Also ist auch der Mensch mit dieser „geistigen Dimension“ des Anfangs verbunden, an der er innerlich teilhat.

---

78 Swimme, Brian: *Das Universum ist ein grüner Drache*. Claudius Verlag, München, 1994, S. 55f.

79 Kapitel 2

Es bleibt noch die Frage nach dem „Wohin?"

Welche Antworten geben uns Naturwissenschaftler – speziell Physiker – auf diese Frage?

„Wir kehren zurück zu dem, von dem wir ausgegangen sind."

(Hans-Peter Dürr, Physiker)

Als Einleitung zitiere ich einige Gedanken von Henning Mankell über Altern und Tod. Mankell ist durch seine Kinderbücher und Kriminalromane bekannt geworden. Er fragt:

„Wann beginnt das Altern? Was ist eigentlich Altern? Streng biologisch betrachtet, beginnt das Sterben in dem Augenblick, in dem die Nabelschnur durchtrennt wird. Das Leben ist nichts anderes als Altern. Von Anfang an hat sich der Tod die größte Hypothek auf das Leben gesichert. Es gibt keinen, der ihm entkommt. Doch im Laufe meines Lebens habe ich eine sonderbare europäische Revolution erlebt, die ich für die größte Niederlage unserer Kultur halte: Die Revolution, die etwa um die Mitte der fünfziger Jahre das Alter aus unserm Leben entfernte und den Tod von der Tagesordnung nahm. Man kann heute in Europa ein ganzes Leben verbringen, ohne wirklich einen einzigen toten Menschen zu sehen. Ich halte das für unnatürlich. Der Tod ist eine Angelegenheit für Bestattungsunternehmen geworden, nicht für das Leben. Ich vermute, dass der Grund für die radikale Veränderung damit zu tun hat, dass die Kaufkraft der jungen Menschen seit dem Zweiten Weltkrieg so gewachsen ist. Diesen jungen Leuten etwas verkaufen zu wollen, während der Tod schon im Hintergrund winkt, ist wohl ein Ding der Unmöglichkeit. Deswegen ist der Tod verschwunden. Stattdessen ist die Jugend, die Kraft, die Gesundheit, zum alles beherrschenden Thema geworden. Der Tod ist auf das Altenteil gesetzt worden und mit ihm das Alter. Das bedeutet aber auch, dass unsere Kultur im Kern geschwächt worden ist. Als der Tod verschwand, wurden wir ärmer. Die europäische Kultur ist von den Kräften der freien Marktwirtschaft verwüstet worden, so wie ein Wald kahl geschlagen wird.

… obwohl ich noch relativ jung bin, fällt mir auf, dass ich weitaus häufiger zu Beerdigungen gehe als zu Hochzeiten. Ich habe angefangen, die Todesanzeigen in den Zeitungen zu lesen, und stelle fest, dass immer mehr Tote im selben Jahr wie ich geboren sind. Mein Körper ist steifer geworden, ich nehme leichter zu. Ich kann nicht mehr so schnell laufen wie früher. Ich kann mir nicht mehr, wie noch vor 10 Jahren, eine Nacht um die Ohren schlagen. Ich bemerke, dass ich schlecht höre, dass ich langsamer reagiere. …

Ich glaube eigentlich nicht, dass ich Angst vor dem Tod habe. Was mich eher beunruhigen kann, ist die Aussicht, dass ich so furchtbar lange tot sein werde.“[80]

In Deutschland glauben 41% an ein Leben nach dem Tode. Davon 63 % an eine Auferstehung im Jenseits und 30 % an eine Wiedergeburt (in dieser Welt).[81]

Haben wir die begründete Hoffnung, dass nach dem Tod ein anderes Leben folgt, dass der Tod nicht das Ende ist? Eugen Drewermann hat sich mit dieser Frage auseinandergesetzt. Die Tiefenpsychologie sagt ihm:

Die Sehnsucht nach ewigem Leben ist ein Anliegen der Natur.

„Wir Menschen tragen wesensnotwendig die Sehnsucht nach Unendlichkeit in uns; wir verzehren uns aus Durst nach Unsterblichkeit …

Für jemanden, der in der Wüste verdurstet, ist der Durst ein Beweis, dass es Wasser geben muss, selbst wenn an dem Ort, da er lebt, weit und breit kein Wasser zu finden ist. Dass es Durst gibt, zeigt unwiderleglich, dass es Wasser gibt, denn ohne das Wasser gäbe es keinen Durst. Und so ganz analog: dass wir Menschen an Gott denken können, zeigt, dass es ihn gibt, denn sonst würde in unserm Kopf ein solcher Gedanke gar nicht hineinkommen können; und

80 Steinfeld, Thomas (Hrsg.): *Einmal und nicht mehr.* dtv, München 2002, S.39f .

81 Quelle: Repräsentative forsa -Umfrage im Oktober 2006

schon weil wir uns nach der Unendlichkeit sehnen, zeigt dies, dass wir aus dem Unendlichen kommen und in das Unendliche gehen." [82]

Doch nun zu den Naturwissenschaftlern, die sich mit der Frage nach dem Tod auseinandersetzen. Welche persönliche Antwort haben sie für sich gefunden? Um es ganz deutlich zu sagen: Einen (naturwissenschaftlichen) Beweis gibt es nicht. Die Naturwissenschaft hat für den Tod eine ganz natürliche Erklärung:

Der Tod gehört zum Leben. Alles in der Natur wird geboren, lebt und stirbt. Das gilt selbst für die Sterne: Unsere Sonne wurde vor ca. 5 Milliarden Jahren geboren und wird noch ca. 6 Milliarden Jahre leben.

Warum gehört der Tod zum Leben? Warum ist das so? Ohne Tod gibt es keine Entwicklung, keine Evolution. Stellen wir uns vor: Wie würden wir heute aussehen, wenn es keinen Tod und keine Entwicklung gäbe? Jedes Lebewesen stirbt mit der genetischen Ausstattung, mit der es zur Welt kommt. Während des Lebens kann keine Änderung eintreten. Erst die jeweils folgende Generation bringt eine geringfügig andere Erbausstattung mit. Und das macht eine Entwicklung möglich.

Unsere spezielle Frage lautet nun: ***Ist der Tod das Ende?*** Das persönliche Ende? Was sagen Naturwissenschaftler dazu, wenn sie ihre naturwissenschaftlichen Erkenntnisse philosophisch hinterfragen und für sich persönlich eine Antwort auf diese Frage geben?

Wernher von Braun (Physiker) fand durch seine Forschungsarbeit zum Glauben an Gott und zum Glauben ans Jenseits. Er schreibt:

„In unserer modernen Welt scheinen viele Menschen zu glauben, die Wissenschaft habe „religiöse Gedanken" unzeitgemäß gemacht und man müsse sie daher als überholt betrachten. (Das stimmt nicht! Auf viele Fragen des Lebens

---

82 Drewermann, Eugen: *Das Markusevangelium.* Zweiter Teil. Walter Verlag, Olten, 1989, S. 279.

gibt sie uns Antworten, die überraschen, die mit dem Glauben übereinstimmen und die ihn – den Glauben – bestätigen.)

So sagt sie eindeutig, dass in unserer Welt nichts – nicht einmal das kleinste Partikelchen – verschwinden kann, ohne eine diskrete Spur zu hinterlassen.“

Ich unterbreche: Denken Sie an die Blätter, die im Herbst vom Baum fallen. Sie zerfallen, vermodern und geben im kommenden Frühjahr wieder neues Leben.

Wernher von Braun fährt dann fort:
„Denken Sie einmal einen Augenblick darüber nach, und Ihre Gedanken über Sterblichkeit und Unsterblichkeit werden niemals mehr die gleichen sein. Die moderne Wissenschaft sagt, dass nichts wirklich spurlos verschwinden kann. Die Wissenschaft kennt keine totale Auflösung oder Vertilgung. Alles, was sie kennt, ist Verwandlung.

Wenn Gott dieses fundamentale Grundprinzip sogar auf das unbedeutendste Teilchen seines grenzenlosen Universums anwendet, ist es dann nicht nur vernünftig zu vermuten, dass dieser göttliche Grundsatz auch für sein Meisterstück, die menschliche Seele, Anwendung findet?

Alles, was mich die Wissenschaft lehrt, bestärkt mich in meinem Glauben an die Fortsetzung unserer geistigen Existenz im Leben nach dem Tode. Denn nichts verschwindet, ohne eine Spur zu hinterlassen, und Vergehen ist nur Verwandlung.“[83]

Hinweis: Wernher von Braun denkt hier nicht an eine Wiedergeburt. Es geht ihm um den Gedanken, dass unsere Seele, das geistige Prinzip, der Geist nicht untergehen kann.

83 Braun, Wernher von: in Stern Nr. 52, 1971, S.38.

Der Nobelpreisträger John C. Eccles[84] denkt ähnlich. Er hat aber einen anderen Ansatz als Wernher von Braun. Leben und Geist (Selbstbewusstsein) sind für ihn ein Geschenk und letztlich ein Geheimnis. Er fragt dann: Kann solch ein Geschenk – solch ein Geheimnis – zugrunde gehen?

„Ich glaube, dass meiner Existenz
ein fundamentales Mysterium anhaftet,
das jede biologische Erklärung der Entwicklung
meines Körpers (einschließlich meines Gehirns)...
überschreitet...
Und gerade weil ich keine wissenschaftliche Erklärung
meines persönlichen Ursprungs geben kann –
ich wachte sozusagen im Leben auf,
und fand mich selbst als ein körperliches Selbst
mit diesem Körper und Gehirn existierend –
so kann ich nicht glauben, dass dieses wunderbare Geschenk
einer bewussten Existenz
keine weitere Zukunft besitzt,
keine Möglichkeit einer anderen Existenz
unter anderen unvorstellbaren Bedingungen." [85]

Erwin Schrödinger ist Physiker und Nobelpreisträger. Er wurde gefragt: Glauben Sie an ein Weiterleben nach dem Tode? Als Antwort zitierte er den islamisch-persischen Mystiker Aziz Nasafi aus dem 13. Jahrhundert:

„Beim Tod jedes Lebewesens kehrt der Geist in die Geisterwelt und der Körper in die Körperwelt zurück. Dabei verändern sich immer nur die Körper. Die Geisterwelt ist ein einziger Geist, der wie ein Licht hinter der Körperwelt steht und durch jedes entstehende Einzelwesen wie durch ein Fenster hindurchscheint. Je nach Art und Größe des Fensters dringt mehr oder weniger Licht in die Welt. Das Licht aber bleibt unverändert."

---

84 Eccles erhielt 1963 den Nobelpreis für seine gehirnphysiologische Forschung.
85 Popper, Karl R., Eccles, John C., *Das Ich und sein Gehirn*. Piper Verlag, München, 1982.

Johann Wolfgang von Goethe hat für sich eine Antwort gefunden:

„Wenn einer 75 Jahre alt ist, kann es nicht fehlen, dass er mitunter an den Tod denkt. Mich lässt dieser Gedanke in völliger Ruhe, denn ich habe die feste Überzeugung, dass unser Geist ein Wesen ist gänzlich unzerstörbarer Natur, es ist ein Fortwirkendes von Ewigkeit zu Ewigkeit. Es ist der Sonne ähnlich, die bloß unsern irdischen Augen unterzugehen scheint, die aber eigentlich nie untergeht, sondern unaufhörlich leuchtet."

Albert Einstein, der Urheber der Relativitätstheorie, ist einer der bedeutendsten Physiker des 20. Jahrhunderts. 1921 erhielt er den Nobelpreis für Physik.[86]

Bis zu seinem 10. Lebensjahr war Albert Einstein ein gläubiger Jude. Als er später in Aarau (Schweiz) das Gymnasium besuchte, distanzierte er sich vom jüdischen Glauben. Erst durch sein Physikstudium und durch seine naturwissenschaftlichen Erkenntnisse, die er philosophisch hinterfragt, wird er – wie er sagt – wieder ein **„religiöser Mensch"**. Das ist keine Rückkehr zum Judentum. Er ist religiös in einem anderen Sinn. So schreibt er: Ein ernst zu nehmender Wissenschaftler ist zugleich ein religiöser Mensch. „Seine Religiosität liegt in einem verzückten Staunen über die Harmonie der Naturgesetzlichkeit, in der sich eine überlegene Vernunft offenbart." [87] Im Vergleich zu dieser überlegenen Vernunft ist alles menschliche Denken nur ein ganz schwacher Abglanz.

Ein bekannter Ausspruch von Einstein lautet: „Ein begrenztes Wissen führt uns von Gott weg, ein erhöhtes Maß wieder zu Gott zurück!"

Am 21. März 1955 schrieb Albert Einstein einen Brief an die Schwester seines verstorbenen Freundes Michele. Er schreibt: „So ist mir Michele mit dem Ab-

---

86 **Kurz sein Leben:** Albert Einstein wurde 1879 in Ulm geboren, studierte am Polytechnikum in Zürich und arbeitete von 1902 bis 1909 im Berner Patentamt. Von 1909 bis 1914 wirkte er als Professor für Physik an den Universitäten Zürich und Prag sowie am Züricher Polytechnikum. 1914 trat Einstein in die Preußische Akademie der Wissenschaften ein, wo er bis 1932 verblieb. Dann verließ er Deutschland, um eine Professur am Institute for Advanced Study in Princeton, New Yersey (USA), anzunehmen. Dort starb er 1955.

87 Altner G. / Bresch C. u.a.: *Evolution und Menschenbild.* Klett Verlag, Hamburg 1983, S.17.

schied von dieser sonderbaren Welt wieder einmal ein wenig zuvorgekommen." Er fährt dann fort: „Doch, das hat keine Bedeutung. Für uns **gläubige Physiker** stellt diese Trennung zwischen Vergangenheit, Gegenwart und Zukunft nichts weiter als eine Illusion dar, wenn auch eine besonders hartnäckige." [88] – Wenige Wochen, nachdem Einstein den Brief geschrieben hatte, nahm er selbst Abschied von dieser „sonderbaren Welt".

In diesem Brief nennt sich Albert Einstein einen **„gläubigen Physiker".** Als **solcher** machte er sich Gedanken über den Tod. Er nennt sich gläubig, weil er durch die philosophische Hinterfragung seiner naturwissenschaftlichen Erkenntnisse zu der Überzeugung kommt: Hinter allem steht eine kosmische Intelligenz, ein Geist, an dem wir teilhaben. Es gibt keine Trennung zwischen Vergangenheit, Gegenwart und Zukunft. Aufgrund dieses Glaubens kommt er zu der Überzeugung: Der Tod ist eine „Illusion".

Hans-Peter Dürr (Nachfolger von Werner Heisenberg, alternativer Nobelpreisträger) antwortet mir in einem Fernseh-Interview auf die Frage: „Ist mit dem Tod alles zu Ende? Wie denken Sie **als Physiker** darüber?"

Seine Antwort gab er in einem Bild: Wir Menschen sind wie Schaumkronen auf einem großen und tiefen Ozean. Diese stehen sich gegenüber und stellen fest: Wir sind voneinander getrennt, wir unterscheiden uns voneinander. Sie übersehen aber, dass unter ihnen der Ozean ist. Dieser trägt sie und verbindet sie. Eines Tages versinken die Schaumkronen im Ozean, von dem sie ausgegangen sind.

Hans-Peter Dürr fährt dann fort: Wir Menschen sind Individuen. Wir werden getragen von dem, von dem wir ausgegangen sind: von unserm gemeinsamen Ursprung – über den wir bereits nachgedacht haben (Kapitel 2). Beim Tode wird unser Leib zerfallen. Aber unser Geist geht zurück zu seinem Ursprung. Denn Geist ist unsterblich und unteilbar. Er verbindet sich wieder mit jenem Geist, von dem er ausgegangen ist.

---

88 Charon, Jean E.: *Der Geist der Materie*. Ullstein Verlag, Frankfurt/ Berlin 1982, S.15.

Eine weitere interessante Überlegung von Dürr: „Was wir Diesseits nennen, ist ja eigentlich die Schlacke, die Materie, also das, was greifbar ist. Das Jenseits ist alles Übrige, die umfassende Wirklichkeit, das viel Größere. Das, worin das Diesseits eingebettet ist. Insofern ist unser gegenwärtiges Leben bereits vom Jenseits umfangen.“[89] Ähnlich denkt Albert Einstein, wenn er die Trennung von Vergangenheit, Gegenwart und Zukunft als Illusion bezeichnet.

---

89 Am Anfang war der Quantengeist, in: P.M. Magazin 05/2007.

5.

Schöpfung und / oder Evolution

Charles Darwin und seine Frage nach Gott

Einführung:

Wenn wir den Weg zurückverfolgen vom Menschen bis zum „Urknall“, liegt der Gedanke nahe: „Die Grenzen der Wirklichkeit enden nicht im Nichts. Sie gehen über in den Bereich des Metaphysischen“ [90] – in den Bereich des Geistigen. Und: „Das, was am Anfang war, hat Gestalt angenommen in all dem, was geworden ist!“ (Hans-Peter Dürr) So oder ähnlich sehen es manche Physiker.

Die Frage, die uns beschäftigt, lautet: Was ist aus diesem Anfang geworden? Einige Antworten haben wir bereits gefunden:

- Es hat sich ein Universum gebildet – oder mehrere, wir wissen es nicht –, das aus 100 Milliarden Galaxien besteht mit je 150 Milliarden Sternen. Eine Galaxie davon ist die Milchstraße, zu der unsere Erde gehört.

90 Schäfer, Lothar, a.a.O. S. 65.

- Auf unserer Erde entstand Leben, das von einfachen Formen ausging und sich zu immer komplexeren Formen entfaltete bis hin zum Menschen – zu einem geistbegabten Wesen.

Diese beiden Prozesse – die Entwicklung des Universums und die Entfaltung des Lebens – geschahen in einem langsamen Prozess, den wir „Evolution" nennen. Seit Charles Darwin hat sich dieser Begriff allgemein durchgesetzt, ohne jedoch von allen akzeptiert zu werden. Charles Darwin, seine Person, seine Lehre und die Kontroversen sollen nun näher betrachtet werden.

Der augenblickliche Stand der Diskussion

Wir sprachen 2009 mit Recht von einem „Darwin-Jahr": Vor 200 Jahren wurde er geboren und vor 150 Jahren veröffentlichte er sein Buch „Über die Entstehung der Arten". Die Gedanken des Buchs haben eine Welle der Entrüstung hervorgerufen, die bis heute noch nicht zur Ruhe gekommen ist. Dabei hat sich die Debatte auf die Frage zugespitzt: Gibt es Gott? So hat in London eine Atheisten-Kampagne die roten Doppeldeckerbusse mit dem Slogan bekleben lassen: „Es gibt vermutlich keinen Gott. Also machen Sie sich keine Sorgen und genießen Sie Ihr Leben!" Prompt reagierten die Kirchen mit dem Slogan: „Es gibt definitiv einen Gott. Also kommen Sie auf die Seite der Christen und genießen Sie das Leben!"

Eine neue Umfrage in Großbritannien ergab folgendes Bild: Die Hälfte der Briten lehnt die Evolutionstheorie (– lehre) ab. 22 Prozent glauben an eine Schöpfungsgeschichte im Sinne der Bibel.

Das gilt nicht nur für England. Das gilt für Amerika und Europa. Auch für Deutschland. Ein Beispiel: In der deutschen Presse wurde von einem Mikrobiologen – Professor für Mikrobiologie – berichtet. Er stellt die These auf: Alle Menschen stammen von Adam und Eva ab. Und: Der Tod ist eine Folge der Erbsünde! Es handelt sich hier um Siegfried Scherer aus München, der vom damaligen Thüringischen Ministerpräsidenten Dieter Althaus zu einem Vortrag – zum „Erfurter Dialog“ – in die Staatskanzlei eingeladen wurde. Das sorgte für eine öffentliche Empörung. Erst dann wurde Scherer wieder von Althaus ausgeladen. Althaus distanzierte sich schließlich von dessen Thesen.

Ich frage mich:
Woher kommt das Engagement, woher die Aggressivität gerade von Seiten der Evolutionsgegner? Und Fundamentalisten? Ich glaube: Es geht um existentielle Fragen: Evolution hat mit mir zu tun. Woher komme ich? Wohin gehe ich? Hat mein Leben einen Sinn? Ohne einen Glauben an (den christlichen?) Gott, ohne die Existenz Gottes gibt es keine annehmbaren Antworten auf all diese Fragen.

Es geht daher letztlich um die zentrale Frage: Wie passen der Glaube an Gott, die Aussagen der Hl. Schrift und die Evolution zusammen?

Doch zunächst zu Darwin:

Charles Darwin – Sein Leben und seine Lehre

Darwin wurde als vorletztes von insgesamt sechs Kindern am 12. Februar 1809 in Shrewsbury geboren. Sein Vater war Landarzt. Schon früh hatte er seine Mutter verloren und war unter der Obhut seiner Schwester aufgewachsen. An der Schule fand Charles keine große Freude. Sein Vater schickte ihn nach Edinburgh, damit er dort wie sein Großvater, Vater und Bruder Erasmus Medizin studiere. Aber auch dieses Studium machte ihm keine Freude. Wie sein Vater ekelte er sich vorm Operieren, das zu dieser Zeit noch ohne Narkose durchgeführt wurde. So wechselte er die Universität und studierte auf Anraten seines Vaters Theologie.

Sein Vater überlegte: „Am besten studiert er Theologie, und ich besorg ihm eine Pfarrei.“ Im 19. Jahrhundert war es in der anglikanischen Kirche üblich, freiwerdende Pfarrerstellen an den meistbietenden zu versteigern. – Zu diesem Zeitpunkt hatte Charles Darwin nicht den mindesten Zweifel daran, dass jedes Wort in der Bibel im strengen Sinne und buchstäblich wahr sei.

Es ist erstaunlich: Auch während der Zeit des Theologie – Studiums interessierten ihn Fragen der Geologie, der Zoologie und Botanik mehr als Fragen der Theologie und des Glaubens.

Im Dezember 1831 hatte Darwin die Möglichkeit, mit der britischen Admiralität eine Weltreise zu machen. Diese Reise ging nach Südamerika und Australien, wo die Küsten vermessen werden sollten. Darwin hatte Zeit und Gelegenheit, in den tropischen Urwäldern Brasiliens, in den Savannen Argentiniens und den Hochgebirgen Chiles Fossilien, Vogelbälge, Insekten und Pflanzen zu sammeln. Diese waren dann die Grundlage für seine Evolutionstheorie.

Nach seiner Rückkehr 1836 begann Darwin mit der Auswertung seiner umfangreichen Sammlung. Es ist erstaunlich: Man muss sich das mal zu Gemüte führen: „Sein Tagebuch umfasste 770 Seiten, fast 2000 weitere Seiten hatte er mit Notizen gefüllt, 1529 Spezies in Spiritus eingelegt, 3907 Häute, Knochen und andere Fundstücke etikettiert. Nach seiner Rückkehr begann er seine Mitbringsel auszudeuten … Rund 15000 Briefe umfasst die Korrespondenz, die Darwin hinterlassen hat…“[91]

Für Darwin begann nun eine Zeit der Diskussionen und der inneren Auseinandersetzung. Noch weihte er niemanden ein. Denn Darwin wusste um die enorme Sprengkraft seiner Gedanken. **„Es wankt und stürzt das ganze Gebäude“,** schrieb er in sein geheimes Notizbuch. Gemeint war das Gebäude des christlichen Glaubens. Und das – davon war er fest überzeugt – würde die kirchlich geprägte Gesellschaft Englands nicht hinnehmen.

Er erinnerte sich an all die Forscher und Naturwissenschaftler, die durch ihre neuen Erkenntnisse mit dem kirchlichen Lehramt in Konflikt gerieten:

91 Der Spiegel, Nr. 52, 24.12.05; S. 139f.

Galileo Galilei musste seine Lehre widerrufen und wurde unter Hausarrest gestellt. Er blieb davon überzeugt: „Sie dreht sich doch!“ Gemeint war die Erde, die sich um die Sonne bewegt und nicht umgekehrt.

Giordano Bruno vertrat die Ansicht: Materie und Geist sind nicht voneinander zu trennen. Gott ist die schöpferische Kraft. Er gleicht einem Künstler, der die Materie von innen heraus formt und gestaltet. Geist findet sich in allen Dingen, und es gibt nicht das kleinste Körperchen, das nicht einen ausreichenden Anteil davon in sich fasst. Am 17. Februar 1600 wurde er auf der Piazza dei fiori in Rom als Ketzer verbrannt, weil er die Lehre und die Weltsicht der Kirche in Frage stellte.

Zurück zu Darwin: Familiär hatte er große Probleme: Er wurde Vater von 10 Kindern. Drei von ihnen starben. Eine schwere, seltsame Krankheit befiel ihn. Er wurde antriebslos, müde, unruhig, bekam entsetzliche Übelkeit, Sehstörungen, Atemnot – um nur einige Symptome zu nennen. Die Ursache ist nicht bekannt: War es eine Tropenkrankheit? War es psychisch bedingt? Man weiß es nicht.

Darwin starb am 19. April 1882 im Alter von 73 Jahren und wurde in der Londoner „Westminster Abbey“ beerdigt – versöhnt mit der anglikanischen Kirche.

Nun zu seiner Lehre

Die Ergebnisse seiner Reise veröffentlichte Darwin in seinem Buch *„Die Entstehung der Arten durch natürliche Auslese oder die Erhaltung begünstigter Rassen im Kampf ums Dasein“*. Darwin erklärt darin:

1. Alle Lebewesen haben sich aus gemeinsamen Vorfahren entwickelt.

So wie sich die Äste eines Baumes immer weiter verzweigen, so haben sich auch die Tierarten aus einem gemeinsamen Stamm immer mehr verzweigt und weiterentwickelt. Den Menschen zog er ganz selbstverständlich mit in diese Entwicklung ein.

Aufgrund der Genforschung, die Darwin noch nicht kannte, wird diese These heute bestätigt. Mensch und Schimpanse haben zu 97 % die gleichen Gene. Durch die anderen drei Prozent unterscheiden sie sich **wesentlich** voneinander.

Was sagt der Glaube dazu – besser: was sagt das Alte Testament (Genesis) dazu? Nach der Schöpfungsgeschichte hat Gott alles einzeln und nacheinander geschaffen: die Pflanzen, die Tiere und schließlich den Menschen. „Lasst uns den Menschen machen nach unserm Bild und Gleichnis!" Nun sagt Darwin: Das stimmt nicht! Alles ist nacheinander und auseinander entstanden. Das musste zu Konflikten führen – verständlicherweise!

Ein weiteres Ergebnis seiner Überlegungen:

2. Die Ursache dieser Entwicklung ist das Ergebnis einer natürlichen Auslese (Selektion).

Was bedeutet das? Zunächst entsteht eine Änderung (Mutation) im Erbgut, wodurch ein Merkmal der Art verändert wird. So hatte sich am Beispiel der Finken ihre Schnabelform durch Mutation verändert. **Dann folgt der eigentliche Vorgang der Selektion.** Von Millionen Individuen derselben Art haben einige ein Erbgut, das sie besser mit den Umweltbedingungen fertig werden lässt als andere. Sie haben dadurch eine größere Überlebenschance. Ihr besonderes Erbgut pflanzt sich fort und setzt sich durch.

Zwei Beispiele können das erläutern:

Darwin fiel die verblüffende Ähnlichkeit seiner gesammelten Finken auf. Ihr Körperbau war gleich – nur im Schnabelbau unterschieden sie sich. Darwin überlegt: Die verschiedenen Finken müssen Abkömmlinge einer gemeinsamen Ahnenform sein. Offenbar hatte einst eine Finkenart die **Galapagos-Insel** erreicht. Sie vermehrte sich zunächst, bis ein Gleichgewicht zwischen Vogelzahl und Nahrungsmenge erreicht war. Von diesem Augenblick an mussten jene, die zu viel waren, verhungern oder sie stellten sich auf eine andere Ernährungsweise um. Letzteres war wohl der Fall.

Finken mit spitzem Schnabel suchen Insekten und Würmer, Finken mit einem derberen Schnabel leben von Pflanzen, und schließlich die Finken mit einem kräftigen, geraden Schnabel holen sich Insekten aus Holzspalten und Rinden. Nun ist interessant: Kommen sie mit ihrem Schnabel allein nicht zum Ziel, dann nehmen sie einen Kaktusstachel der Länge nach in den Schnabel und stochern so lange in der Spalte herum, bis das Insekt herauskommt. Überraschend ist, dass sich mancher dieser Finken vor der Jagd kleine Stachelvorräte anlegt, um alles griffbereit zu haben.

Ein weiteres Beispiel sind die **Birkenspanner** (Biston betularia – Schmetterlinge). Diese silbrig-weißen Birkenspanner hielten sich hauptsächlich auf Birken auf. Sie hoben sich kaum von den hellen Stämmen ab. Wie die Verhaltensforscher sagen, waren sie hervorragend an ihre Umgebung angepasst. Ein Vogel, der Appetit auf einen Birkenspanner hatte, musste schon genau hinsehen, bevor er ihn entdeckte. Immer aber hatte es unter den Birkenspannern eine geringe Zahl graubrauner Falter gegeben, die ganz und gar nicht angepasst waren und sich weithin sichtbar von den Birkenstämmen abhoben. Sie wurden nicht alt, da sie eine leichte Beute für ihre Feinde waren. „Die **fortschreitende Industrialisierung vieler Gebiete** veränderte allmählich die Umwelt der Schmetterlinge. Die Birkenstämme waren nicht mehr weiß, sondern von Rauch und Ruß braun gefärbt. Zur Freude der Vögel und zum Leid der Birkenspanner. Ihre helle Tarnfarbe war sinnlos geworden, sie schienen vom Aussterben bedroht. Doch da beobachtete man etwas Merkwürdiges: Zwar verschwanden allmählich die weißen Spanner. Schaute man jedoch genauer hin, dann saßen jetzt an ihrer Statt dunkel gefärbte Schmetterlinge an den Stämmen. Der Birkenspanner hatte sich dieser Umgebung wieder angepasst.

Wie konnte das geschehen? Nach Darwins Prinzip der natürlichen Auslese überlebt die Art, die den Umweltbedingungen am besten angepasst ist. Das bedeutet im Fall Birkenspanner: Bei weißen Stämmen waren weiße Spanner gut angepasst und vor ihren Feinden sicher. Sie vermehrten sich und überlebten. Die braunen Falter wurden ausgerottet. Bei schmutzig-braunen Birkenstämmen aber hatte die braune Mutationsform ihre Chance, jetzt fraßen die Vögel die weithin sichtbaren weißen Spanner und übersahen die braunen, die sich nun ungestört vermehren konnten.“[92]

Als weiteres Ergebnis nannte Darwin in seinem Buch:

3. Die gesamte Entwicklung geschieht durch ausschließlich materielle Kräfte des Zufalls.

Hier liegt das eigentliche Problem, das den Fundamentalisten am meisten zu schaffen macht: Darwin glaubte an die Autonomie, Spontaneität und Kreativität der Natur**.** Das bedeutet: Die Natur ist aus sich heraus lebendig und daher unabhängig vom transzendenten Gott der damaligen protestantischen Theologie. Darwin bemühte sich, dem Wirken der Natur alles Mysteriöse zu nehmen. Übrig blieben **Gesetze (Naturgesetze) und der Zufall** als einzige Entwicklungsprinzipien.[93]

Evolution geschieht ohne das Eingreifen Gottes? Solche Gedanken sind für das herkömmliche Denken schwer nachvollziehbar.

Der Begriff „Zufall“ ist in der Evolutionsgeschichte eine weitere große Schwachstelle. **Was ist Zufall?** Auf diese Frage gibt es keine zufriedenstellende Antwort – keine wissenschaftliche Erklärung. Einige Evolutionsbiologen

---

92 H. Barisch, Den Tieren auf der Spur, Würzburg, 1975, S. 25f.

93 nach: R. Sheldrake, Das Gedächtnis der Natur; Scherzverlag, Bern/München/Wien, 1992; S. 332

meinen, der Begriff deute an, dass niemand genau weiß, was damit gemeint ist. ***Von Weizsäcker*** nennt diesen Begriff den „dunkelsten Begriff in der Evolutionslehre“.

Allmählich setzt sich der Gedanke durch: Hinter der Mutation und Selektion ist möglicherweise eine Kraft im Spiel, die der Motor der Entwicklung ist. **Eine Kraft oder ein „Gesetz der Variation“.**

Schon **Friedrich Nietzsche** sagte dazu: „Das Wesentliche am Lebensprozess ist gerade die ungeheure, gestaltende, von innen her Form schaffende Gewalt, welche die äußeren Umstände ausnützt.“[94]

Darwin hat eine innere Entwicklung durchgemacht, die den „früheren Darwin“ nicht wiedererkennen lässt:

- Darwin studierte Medizin – er war aber nicht für die Medizin geboren.
- Er studierte Theologie – war aber innerlich nicht davon überzeugt.
- Er war Forscher, der vom Theologen (Pfarrer) zum Atheisten (Agnostiker) wurde.

Die Reaktion auf seine Lehre – damals und heute

Als Charles Darwin 1859 sein Buch „Über die Entstehung der Arten“ veröffentlichte, lief über alle kirchlichen Institutionen eine Welle der Entrüstung. **Gott als Schöpfer und der Mensch als sein Ebenbild wurden in Frage gestellt und damit auch die Autorität der Kirche und der Bibel.**

Der christliche Glaube sagt: Der Mensch ist nach Gottes Ebenbild erschaffen. Und nun kommt Darwin und behauptet: Menschen und Affen haben gemeinsame Vorfahren, denselben Stammbaum.

---

94 Natur und Kosmos, 12/2005, S. 23.

Es hat 100 Jahre gedauert, bis die **Katholische Kirche** durch Pius XII. 1950 die Evolutionslehre anerkannte. Später – in den neunziger Jahren – nochmals durch Johannes Paul II.

In den USA hat die Lehre Darwins unter dem Begriff „Affenprozess" einen regelrechten Kulturkampf ausgelöst.

Die Auseinandersetzung zwischen Naturwissenschaft und Glaube, zwischen Evolution und Schöpfung geht immer wieder von Amerika aus und schwappt dann zu uns nach Europa – und Deutschland – über.

Wenn wir die USA verstehen wollen, müssen wir Folgendes bedenken: Amerika wurde von Menschen gegründet, die von religiösen Ideologien getrieben waren. Bis tief ins Landesinnere waren die Trecks der Puritaner, Mennoniten und anderer sehr religiös gesinnter Menschen vorgedrungen, um dort eine Existenz aufzubauen und ihren Glauben leben zu können. Ihre Kinder schickten sie auf eigene Schulen und Universitäten. Von den weltlich gesinnten Eliteschulen und Universitäten an der Ostküste wollten sie nichts wissen. Auf diese Weise entstand im Süden und im mittleren Westen der USA eine breite religiöse Strömung, deren Anhänger sich „Fundamentalisten" nannten.

Diese verlangen, dass im Biologieunterricht nicht nur die Evolutionslehre unterrichtet wird, sondern auch die Schöpfungsgeschichte des Alten Testamentes. Das bedeutet: Gott gegen Darwin. So heißt es gegenwärtig in 20 der 50 Bundessstaaten der führenden Industrienation.[95]

Erst 1987 entschied der oberste Gerichtshof schließlich in einem Musterprozess, Kreationismus verbreite eine religiöse Ansicht – und sei deshalb ein für allemal aus der Biologiestunde zu verbannen. In Amerika besteht eine Trennung zwischen Kirche und Staat. Das Urteil zwang die Kreationisten, ihre Idee anders zu verpacken: „Intelligent Design" wurde zur neuen Parole. Die Strategie bestand darin, evolutionäre Kräfte nicht völlig zu leugnen. Aber

95 Der Spiegel, Nr. 52, 24.12.05, S. 136f.

überall dort, wo die moderne Biologie noch vor Rätseln steht, da ist es eine überirdische Intelligenz, die den Verlauf der Naturgeschichte gelenkt hat.[96]

Es ist bekannt: Selbst George W. Bush war ein Vertreter von Intelligent Design.

Fundamentalisten berufen sich auf die Hl. Schrift – insbesondere auf die beiden Schöpfungsgeschichten des Alten Testaments.

Im ersten Buch des Alten Testamentes stehen zwei Schöpfungserzählungen: eine jüngere und eine ältere. Am Anfang steht die jüngere,[97] die so genannte Priesterschrift. Sie stammt aus dem sechsten vorchristlichen Jahrhundert und ist als Sieben-Tage-Werk bekannt. Am 6. Tage schafft Gott den Menschen als Mann und Frau. Gott prüft alles Geschaffene und gibt die Note „gut", beim Menschen sogar die Note „sehr gut".

Die zweite – ältere – Schöpfungsgeschichte [98] ist die so genannte jahwistische Erzählung. Sie stammt aus dem 9. vorchristlichen Jahrhundert. Gott schafft den Adam wie alle Mitgeschöpfe aus dem gleichen Stoff: aus Erde (adama). Adam ist es, um dessetwillen die Mitgeschöpfe geschaffen werden. Aus der Rippe des Adam schafft Gott schließlich seine Lebensgehilfin: die Eva. Weiter berichtet dieser Mythos vom Sündenfall, vom Paradiesesverlust und vom Brudermord.

Diese jahwistischen „Urzeit-Erzählungen… erzählen, was niemals war und immer ist, sie decken auf, was jeder weiß und doch nicht weiß, und sie wollen helfen, mit diesem vorgegebenen Wissen und Wesen das Leben zu bestehen. Ihre Helden und Antihelden sind keine historischen Figuren, aber sie sind durch und durch geschichtlich, weil jeder an ihnen teilhat." Das schreibt der Alttestamentler Erich Zenger.[99]

---

96 Der Spiegel, Nr. 52, 24.12.05, S. 143. (frei formuliert)

97 Gen 1,1-2, 4a

98 Gen 2,4bff.

99 *„Das Blut deines Bruders schreit zu mir."* In: Bader, Dietmar: *Kain und Abel. Rivalität und Brudermord in der Geschichte der Menschen.* Schnell & Steiner Verlag, München, 1983, S.11.

Die Schöpfungsgeschichten sind keine Alternative zur Evolutionstheorie. Sie sagen nichts aus über die Entstehung und Entfaltung des Universums und des Lebens. Ihre Bedeutung liegt darin, dass dem Menschen durch seine Nähe zu Gott eine einmalige Stellung und Würde zukommt.

Die Fundamentalisten haben Probleme mit der Evolutionslehre, weil sie die Aussagen des Alten Testamentes (Genesis) wörtlich nehmen.

Warum sie Schwierigkeiten haben, zeigen folgende Beispiele:

- Die Fundamentalisten sagen: „Die Erde wurde vor 6000 Jahren in 6 Tagen von Gott erschaffen; am 7. Tage ruhte Gott“. Wie kommt diese Zahl 6000 zustande? Ganz einfach: Wenn man die Altersangaben der biblischen Geschlechtsregister von Adam bis Noah, von Noah bis David und von David bis Jesus addiert und die 2000 Jahre seit Christi Geburt dazuzählt, kommt man auf diese Zeit. Der irische Erzbischof James Usher berechnete im 17. Jahrhundert den Beginn der Schöpfung ganz exakt: Es war der 23. Oktober 4004 vor Christi Geburt.

  Wir wissen heute: Die Erde ist vor 4,6 Milliarden Jahren nach einer Sternenexplosion (Supernova-Explosion) entstanden – das Universum vor etwa 13,7 Milliarden Jahren. Als vor 150 Jahren das Buch „Über die Entstehung der Arten“ erschien, war das noch nicht bekannt. **Aber die Fundamentalisten und Kreationisten von heute sollten bzw. könnten das eigentlich wissen.**

- Es ist unmöglich, alle Arten mit je 2 Exemplaren in der **Arche Noah** unterzubringen. Selbst wenn eine Auswahl getroffen wurde, ist das nicht möglich. – Dann weiter:

- **Es gibt zwei verschiedene Schöpfungsgeschichten**, die sich sogar in wesentlichen Punkten voneinander unterscheiden. So wird in beiden Berichten die Erschaffung der Welt erklärt – aber auf verschiedene, sich sogar widersprechende Weise. Die Aussagen der Heiligen Schrift passen nicht zusammen. Sie widersprechen sich zum Teil. Die Autoren von Genesis haben das gewusst. Trotzdem haben sie die Texte nicht korrigiert. Warum? Die Hl. Schrift ist kein naturwissenschaftliches Unterrichtsbuch. Sie will nicht sagen, **wie** die Welt erschaffen wurde. Sie will sagen: **Gott ist der Schöpfer des Alls.**

Das bedeutet: Die Evolutionslehre ist eine Angelegenheit der Naturwissenschaft und die Schöpfungslehre eine Sache des Glaubens. Naturwissenschaft und Glauben oder Evolution und Schöpfung stehen somit friedlich nebeneinander und tun sich nichts. Trotzdem wird immer wieder die Frage gestellt:

Hat die Evolution „Gott" verdrängt?

Wird Gott überflüssig? Darwins Antwort: Ja! Wenn man die persönliche Situation Darwins kennt und den damaligen Stand der Wissenschaft, kann man Verständnis für Darwin haben.

Nicht ohne Grund hat Darwin 20 Jahre mit der Veröffentlichung seines Buches gewartet. Während dieser Zeit setzte er sich mit der Frage nach Gott auseinander. Drei Gründe ließen ihn an der Existenz Gottes zweifeln:

1. Der Tod seiner Lieblingstochter. Wenn Gott die Liebe ist, wie kann er das zulassen? Die alte Frage der Theodizee: Wie kann Gott das Leid zulassen, wenn er die Liebe ist?

2. Wenn ich Darwin recht verstehe, ist für ihn Gott der Schöpfer – die Erstursache. Nun sucht er nach Zweitursachen, d.h. nach jenen Ursachen, die die Evolution vorantreiben. Für Darwin ist das nicht Gott, für ihn sind es die Gesetze. Durch Gesetze schafft Gott die Evolution, nicht durch persönliches Eingreifen. Mit diesen Überlegungen kommt Darwin in einen Gewissenskonflikt: Er fragt sich: Was ist das für ein Gott, der sich durch Gesetze vorschreibt, was er zu tun hat – was er tun soll? Von so einem Gott

distanziert sich Darwin. Bei diesem Gottesbild war Darwin sicherlich von **Newton** beeinflusst. Auch Newton ging davon aus, dass Gott im Anfang Atome und Gesetze geschaffen hat, Gesetze, nach denen das Universum abläuft wie eine Uhr. Gott gab den „Anstoß“ und nun läuft alles so ab, wie es die Gesetze vorschreiben. Ein mechanistisches Weltbild, das 300 Jahre galt und durch die moderne Physik der letzten Jahrhunderte seine Gültigkeit verloren hat. Darwin war sicherlich von diesem Weltbild und Gottesbild Newtons beeinflusst.

3. Ein weiterer Grund für seine zögerliche Haltung war **seine Frau Emma** – eine tiefreligiöse Frau – tiefreligiös in dem Sinne, dass sie fundamentalistisch die Hl. Schrift auslegte. Charles und Emma hatten 1839 geheiratet, als Darwin schon zwei Jahre lang mit seiner Theorie schwanger ging. Seine Frau merkte bald, dass Charles ihren christlichen Glauben nicht (mehr) teilte. Um ihn darauf hinzuweisen, schrieb sie ihm einen Brief, den Darwin zeit seines Lebens aufbewahrte. Der Inhalt dieses Briefes hat ihn so beschäftigt, dass er folgende Bemerkung unter den Brief setzte: „Wenn ich tot bin, sollst Du wissen, dass ich den Brief viele Male geküsst und Tränen über ihn vergossen habe.“

Darwin hat all die Kämpfe, die seit 150 Jahren um und gegen seine Theorie geführt werden, persönlich durchlebt. „In seiner ganz persönlichen Evolution ist er den langen Weg gegangen vom gläubigen Christen zum Agnostiker oder Atheisten. Aus dem jungen Theologiestudenten wurde der graubärtige Wissenschaftler, der nicht mehr an einen Gott glauben konnte. Der frühe Darwin hätte dem späten Darwin Verrat am Schöpfergott vorgeworfen. So wie es heute noch fundamentalistischen Christen tun.

Darwin hatte zwar erwartet, dass er große Probleme mit seiner Kirche bekommen würde. Dass sie so heftig ausfallen würden, damit hatte er nicht gerechnet. Er selbst geriet ins Wanken. In der 2. Auflage seines Buches ließ er in einem der letzten Paragrafen plötzlich einen „Schöpfer“ auftauchen, der „den Keim allen Lebens eingehaucht hat“. Später bedauerte er diesen Schritt. Er habe der öffentlichen Meinung nachgegeben, schrieb er in einem Brief.

Auf die Frage nach Gott konnte Darwin keine überzeugende Antwort geben. Wir müssen Darwin verstehen. Er war ein fragender, suchender Mensch. Er hat um die Frage gerungen: Gibt es einen Gott? Wenn ja, welche Funktion hat er dann im Evolutionsprozess gehabt?

Mit dieser Frage haben sich viele Menschen auseinandergesetzt. Vor dieser Frage stehen auch wir heute. Unsere Ausgangssituation ist allerdings anders als vor 150 Jahren. Seit Max Planck, Albert Einstein, Erwin Schrödinger u.a. hat sich das Weltbild total verändert. Wir haben heute einen tiefen Einblick in den Aufbau der Materie. Im 2. Kapitel dieses Buches stand die „Frage nach dem Anfang der Welt" im Mittelpunkt der Überlegungen.

Wir können selbstverständlich weder von der Physik noch von der Biologie, ja nicht einmal von der Theologie einen Gottesbeweis führen. Was wir können: Die Erkenntnisse der Naturwissenschaften philosophisch hinterfragen, um dann für uns persönlich eine Antwort auf die Frage nach Gott zu finden. – So wie es Max Planck getan hat, der von sich sagte: „Ich habe meine wissenschaftlichen Erkenntnisse zu Ende gedacht und wurde gläubig."

Evolution – ein faszinierendes Geschehen

„Die Evolution ist eine Intelligenz
von solcher Erhabenheit,
dass verglichen damit
das ganze Denken und Handeln des Menschen
ein höchst unbedeutender Abglanz ist."

Albert Einstein

Einführung

Wie Albert Einstein stehen wir alle staunend vor dieser „Intelligenz", die wir hinter und in der Evolution erahnen können.

Man kann den Evolutionsprozess unter verschiedenen Gesichtspunkten betrachten. Physiker beschäftigen sich mit den Gesetzen, die den Prozess in Gang setzten und begleiten. Chemiker fragen, wie in diesem Prozess die zahlreichen Elemente entstehen konnten. Die Biologen verfolgen die Entwicklung des Lebens unter rein naturwissenschaftlichen Aspekten. Alle drei halten sich an die wissenschaftlichen Methoden, die für sie legitim und typisch sind.

Würden wir die Ergebnisse aller drei Disziplinen einander zuordnen oder einfach addieren, so würden wichtige Aspekte der Evolution nicht erkannt. Denn das Ganze ist mehr als die Summe dieser Einzelerkenntnisse.

Wir wollen nun den Evolutionsprozess als Ganzes betrachten und versuchen, innere Gesetzmäßigkeiten aufzuspüren. Denn nur sie können uns sensibel machen für die Frage und die Suche nach einem Sinn, der dem Ganzen zugrunde liegt und der auch unserm Leben eine neue Qualität geben kann.

Evolution – ein gigantischer Wachstumsprozess

Als ich mich mit der Evolution beschäftigte,
habe ich so viele Dinge gefunden,
die mich wundern ließen.

Carsten Bresch, Biologe

Der Evolutionsgedanke führt die Vielgestaltigkeit der Welt auf einen gemeinsamen Ursprung zurück. Das gilt für die unbelebte Natur, die im „Urknall" ihren Anfang nahm. Das gilt aber auch für die belebte Natur: Alle Formen des Lebens stammen von ein und derselben Urform ab, vielleicht sogar von einer einzigen Urzelle. Evolution ist somit die (gesamte) Entwicklung vom „Urknall" bis hin zu uns Menschen. Sie umfasst einen Zeitraum von ca. 13 bis 14 Milliarden Jahren. In ihrem Verlauf lassen sich drei wichtige Epochen ausmachen:

Die Evolution der unbelebten Natur beginnt nach dem Urknall mit der Bildung von Atomen aus Elementarteilchen in den Millionen Grad heißen Sternen. Diese Atome werden durch Sternexplosionen in den Raum geschleudert, wo sie sich zu Molekülen und diese wiederum zu Polymeren verbinden. Polymere sind Ketten aus vielen Molekül-Bausteinen.

Dieser Phase schließt sich die Evolution der belebten Natur[100] an. Dabei bilden sich zunächst primitive Formen von bakterienartigen Einzellern. Aus ihnen entstehen leistungsfähigere Zellen, die sich schließlich zu Vielzellern zusammenschließen. Diese Vielzeller können unterschiedliche Lebensfunktionen wie Nahrungsaufnahme und Fortpflanzung übernehmen, wodurch höhere Leistungen ermöglicht werden. Eine weitere Besonderheit bildete sich im Tierreich und bei den ersten Menschen. Einzelne Individuen schließen sich zu Gruppen zusammen. Dabei kennen sich alle einzelnen Mitglieder dieser Gruppe – im

---

100 s. Tabelle

Gegensatz zu den Schwärmen von Flamingos oder Heringen, denen sich jeder Artgenosse anschließen kann, ohne als „Fremdling“ erkannt zu werden. In den kleinen Gruppen werden Erfahrungen und Gewohnheiten von einer Generation zur anderen weitergegeben. Beim Menschen geschieht dies vor allem durch die Sprache. So entwickeln sich allmählich Traditionen. Mit diesen Traditionen beginnt die dritte Phase der Evolution: die Evolution des Geistigen.

Evolution bedeutet somit: Im Universum ist nichts vorhanden, das nicht aus einem Werdeprozess hervorgegangen ist. Werden meint hier nicht nur, dass innerhalb einer Gattung ein neues Wesen derselben Art entsteht. Wesentlich zur Evolution gehört, dass etwas Neues hervorgeht, das vorher noch nicht vorhanden war und aus dem Vorhergehenden nicht zu erklären ist.

Evolution ist eine Geschichte der Vorbereitung, der Entstehung und Entfaltung des Lebens und des Geistes.

Die **Übersichtstabelle** (siehe unten) fasst noch einmal das gesamte Evolutionsgeschehen vom Urknall bis zum Menschen zusammen. Es bedarf sicherlich keiner weiteren Erklärung: Evolution ist ein Prozess der Vorbereitung, der Entstehung und Entfaltung des Lebens und des Geistes. Am Ende dieses Prozesses steht nun der Mensch – nicht als Zuschauer, sondern als Glied in einer langen Kette. Aber er ist das einzige Wesen, das den Evolutionsprozess als „Lebens-Prozess“ erkennen kann: als einen Prozess, der neues Leben schafft, der aber auch in der Lage ist, Leben unter schwierigen Situationen zu erhalten.

1. Beginn vor ca. 15 Milliarden Jahren durch einen „Urknall“ 2. Entwicklung der Elementarteilchen, der Kerne, der Atome und Moleküle 3. Entstehung der Sterne, der Galaxien und der Sonne	VORBEREITUNG
4. Entwicklung auf der Erde: a) leblose Materie b) Aminosäuren – Bausteine des Lebens c) Moleküle, die sich selbst vermehren d) Zelle e) einfache Lebewesen - ohne Sauerstoff - mit Sauerstoff f) einfache, dann komplexere Pflanzen g) einfache, dann komplexere Tiere h) Pflanzen und Tiere erobern das Festland i) Entwicklung der Tiere auf dem Festland Amphibien: Frösche und Kröten: Eiablage im oder am Wasser Reptilien: Eiablage unabhängig von der Feuchtigkeit Säugetiere: Ei reift im Körper der Mutter heran	ENTSTEHUNG UND ENTFALTUNG DES LEBENS
5. Entstehung der Menschen	UND DES GEISTES

Wie anpassungsfähig das Leben sein kann, zeigte sich im Bikini-Atoll. Als Wissenschaftler nach einem Atombombenversuch die Meeresalgen untersuchten, kamen sie zu einem überraschenden Ergebnis:

„Verschiedene rote, grüne und braune Arten von Meeresalgen hatten in der strahlen-verseuchten Umwelt zwar ihre Form und ihr Aussehen kaum verändert, aber in ihrem Stoffwechsel zeigte sich eine entscheidende Änderung. Die Algen mussten, wollten sie weiterleben, irgendwie mit dem erhöhten Wasserstoffperoxidgehalt des sie umgebenden Wassers fertigwerden. Die radioaktive Strahlung spaltet nämlich die Wassermoleküle und bildet dabei unter anderem Wasserstoffperoxid. Das ist jenes Mittel, mit dem wir bei Halsentzündungen gurgeln, um den Rachenraum zu desinfizieren, also um Bakterien zu töten. Diese Substanz entstand durch die Strahlung im Wasser und in den Algen selbst.

Nun verfügt der Organismus über geringe Mengen eines Enzyms, das Wasserstoffperoxid zersetzen kann. Die Algen hatten es fertiggebracht, die Produktion dieses Enzyms in ihrem Organismus so weit zu erhöhen, dass das für sie giftige Wasserstoffperoxid bis zu unschädlichen Konzentrationen zerlegt wurde.“[101]

Das ist die eine Seite des Lebens, das aus sich heraus die Kraft besitzt, auch mit lebensbedrohenden Situationen fertig zu werden. Daneben dürfen wir nicht übersehen, dass unzählige Arten diese Kraft nicht besessen haben und ausgestorben sind. Wir kennen zur Zeit etwa 5 Millionen lebende Arten. Wir wissen aber auch, dass es in der Geschichte der Erde 500 Millionen Arten gegeben hat, die heute nicht mehr existieren.

Der französische Nobelpreisträger Francois Jacob, der sich viel mit der Evolutionstheorie befasst hat, sagte, wenn er die Evolution mit einer menschlichen Aktivität vergleichen müsste, würde ihm nie und nimmer ein Ingenieur einfallen. Eher würde er an einen Pfuscher oder Bastler denken, der alle möglichen Dinge für alle möglichen Sachen verwendet und dabei viel „Schrott“ und „Murks“ produziert.

---

101 Näheres bei: Broschke, F.L.: *Die Schöpfung ist noch nicht zu Ende*. Econ Verlag, Düsseldorf, 1962, S. 265f.

Diese Meinung kann man leicht vertreten, wenn man bedenkt, dass auf jeden kleinen positiven Mutationsschritt tausend andere kommen, die zu Missbildungen und Defekten führen. Das Erstaunliche ist aber, dass sich diese Defekte nicht weiter vermehren, sondern bald aussterben. Die Natur wählt (durch Selektion) das aus, das zu neuen und besseren Lebensqualitäten führt.

Das geschieht nicht, wie es leider immer wieder zu hören ist, durch einen „Kampf ums Dasein bis aufs Messer". Evolution geschieht nicht durch Vernichtung des Früheren oder Schwächeren, sondern durch Weiterentwicklung der besser Angepassten. Auch das, was nicht überlebt und ausstirbt, hat eine Lebens-„qualität". Das heißt: Auch dies ist lebens-„wert" und daher nicht als „Murks" oder „Schrott" anzusehen. Wenn man die Evolution als Ganzes betrachtet (vgl. Tabelle*)*, ist sie sicherlich ein Prozess, der zu immer neuen Lebensformen mit höherer Lebensqualität führt. Sie ist ein Prozess des Lebens, ein Prozess, der aber manchmal undurchsichtig ist, wenn wir daran denken, wie „grausam" Tiere und Menschen miteinander umgehen können. Das sollte aber nicht darüber hinwegtäuschen, dass Evolution viel Faszinierendes an sich hat, wie wir bereits gesehen haben.

Das „Neue", das „Höhere", „Unerwartete" im Evolutionsprozess

Ist es Gott?
Ist es die Natur selbst?
Ist es ein Programm?

Auch das ist eine Frage, die Menschen von jeher beschäftigte, die staunend vor dem Naturgeschehen standen – ganz gleich, ob sie von der Evolution eine Ahnung hatten oder nicht. Es würde zu weit führen, all die versuchten Antworten auf unsere Frage zusammenzufassen. Wichtig für unsere Überlegungen sollen jene Antworten sein, die mit dem alten mechanistischen Weltbild (Newton) und dem neuen evolutionären zusammenhängen.

1. In der mechanistischen Naturphilosophie des siebzehnten Jahrhunderts gab es aufgrund der Newton´schen Weltsicht nur eine einzige schöpferische Instanz – Gott. Er allein war die Ursache aller Materie, aller Naturgesetze und aller Formen von Pflanzen und Tieren. Die Natur selbst war unbelebt, unbewusst und gehorchte blind den mechanischen Gesetzen. Die Natur war erschaffen – und selbst nicht schöpferisch. Was an den Dingen sinnvoll erschien und von den Menschen bewundert wurde, spiegelte die Intelligenz des Baumeisters der Weltmaschine.

2. Wie vor dieser Zeit so wurde auch im neunzehnten Jahrhundert durch die evolutionäre Sicht die Natur wieder als lebendig angesehen. Darwin formulierte es so: „Die evolutionäre Kreativität hat ihren Ursprung nicht jenseits der Natur in den ewigen Konstruktionsplänen eines Uhrmacher-Gottes…, sondern die Evolution des Lebens hat sich spontan in der materiellen Welt ereignet. Die Natur selbst hat die Myriaden Lebensformen hervorgebracht."[102]

102 Sheldrake, R.: *Das Gedächtnis der Natur*. Scherz Verlag, Bern/München/Wien, 1992, S. 376.

Es ist keine Frage: Evolution ist ein Vorgang, der zu neuen, unvorhersagbaren Formen führt. Für Charles Darwin geschieht das durch zufällige Mutation und natürliche Auslese. Die heutigen Naturwissenschaftler fragen tiefer. Sie wollen wissen, warum ausgerechnet durch Mutationen immer kompliziertere und komplexere Lebensformen entstehen. Ihre Antwort: Ein Vorgang, der zu unerwarteten, unvorhersehbaren Ergebnissen führt, ist ein kreativer, schöpferischer Prozess. Evolution hat also mit Kreativität zu tun. Mit dieser Antwort sind wir sicherlich auch nicht zufrieden. Wir wollen wissen: Woher kommt dann die Kreativität? Ist es – wie Henri Bergson meint – eine nichtmaterielle Lebenskraft, die der Motor der Evolution und der Kreativität ist?

3. Heute, in der Zeit des Computers und des Internets, liegt es nahe, eine andere »zeitgemäße« Erklärung zu geben: Es ist ein Programm, das wie eine Information in den Urknall hineingelegt wurde und sich seit 13 bis 14 Milliarden Jahren entfaltet und entwickelt. Wie dieses Programm aussieht, ist bereits deutlich gemacht worden. Diese Antwort ist einleuchtend. Sie entspricht unserer Erfahrung, die wir immer dann machen, wenn wir vor dem Computer sitzen, um mit ihm je nach Programm zu spielen oder zu arbeiten. So sympathisch uns diese Antwort auch sein mag, sie stellt uns vor zwei große Probleme:

   a) Ein Programm wird auf einer Diskette (Software) gespeichert. Die Diskette selbst ist nicht das Programm. Ein Programm ist vielmehr eine geistige Leistung, die gespeichert wird. Wer schon einmal ein Programm gemacht hat, weiß aus eigener Erfahrung um die geistige Anstrengung, die damit verbunden ist. Wenn wir nun sagen, ein Programm sei die Ursache für die Kreativität der Natur, dann müssen wir wie beim Computer einen Träger finden, der von Anfang an vorhanden war. Wie Hans Jonas meint, konnte beim Urknall dieses stabile System noch nicht vorhanden gewesen sein.

   b) Ein weiteres Problem: Wie ist es möglich, dass ein Programm – also etwas Geistiges – Ursache für den Urknall sein konnte? Ursache sicher nicht. Das ist einleuchtend. Aber „Urgrund“?

Zusammenfassend kann man sagen: Kreativität oder ein Programm hat mit Geist zu tun. Das verstärkt die früheren Vermutungen, dass ein „geistiges Prinzip“ Urgrund des Universums sein kann oder sogar sein muss.

Evolution hat Richtung und Ziel

Die Lotterie der Natur produziert
– wie jedes Glücksspiel –
Nieten und Treffer,
bevorzugt aber auf Dauer Gewinner.

VOLKER SOMMER

Wann ist eine Handlung oder ein Prozess auf ein Ziel ausgerichtet? Ein Schachspiel zum Beispiel. Sein Ziel heißt: Mattsetzen des Gegners. Wer selbst Schach spielt oder ein Schachspiel beobachtet hat, weiß, dass es viele Wege zu diesem Ziel gibt. Jedes Spiel verläuft anders. Die einzelnen Schritte werden durch das Zusammenspiel der Partner vorgegeben. Einige dieser Schritte führen auf den ersten Blick gesehen sogar vom Ziel weg oder enden in einer „Sackgasse“. Trotzdem ist das Spiel als Ganzes auf ein Ziel ausgerichtet.

Wanderer, die einen Berggipfel erklimmen wollen, haben verschiedene Möglichkeiten, dieses Ziel zu erreichen. Sie können den kürzesten und damit vielleicht steilsten Weg nehmen. Sie können aber auch einen bequemeren Weg suchen, der nur langsam nach oben führt. Selbst wenn er zeitweise bergab geht und sich vom Gipfel entfernt, kann er „zielgerichtet nach oben“ verlaufen. Auch eine Ruhepause unter einem Baum oder ein Verirren in einer Felslandschaft steht nicht im Widerspruch zu einem zielstrebigen Wandern.

Mit solchen oder ähnlichen Situationen lässt sich auch die Evolution vergleichen: Zahlreiche „zufällige“ Mutationen beeinflussten den Verlauf des Prozesses. Mutationen (Änderungen im Erbgut) änderten die Richtung des Prozesses. Einige führten zu Rückentwicklungen, andere landeten sogar in einer Sackgasse. Im Evolutionsprozess finden wir viele Verzweigungen, die nicht weitergeführt haben. Andere sind sogar stehen geblieben. So finden wir heute noch zahlreiche Lebensformen, die sich seit vielen Millionen – ja sogar Milliarden – Jahren nicht weiterentwickelt haben. Einige dieser Zweige sind sogar ausgestorben, wie etwa die Riesensaurier.

Für Jacques Monod waren es „Zufall und Notwendigkeit", die diesen Prozess in die Wege leiteten und weiterhin begleiten. Der Göttinger Nobelpreisträger Manfred Eigen und seine Kollegin Ruthild Winkler präzisierten in ihrem Buch „Das Spiel" Monods Postulat von einer uneingeschränkten Zufälligkeit: „Die durch selektive Bewertung erzwungene Vorzugsrichtung (der Evolution) bedeutet Lenkung, wenn nicht gar Zähmung des Zufalls."[103]

Es sind also nicht nur die Mutationen, die auf den Evolutionsprozess Einfluss ausübten. Ebenso wichtig oder noch wichtiger ist die Selektion, die Auslese, die Vorzugsrichtung der Evolution. Zufällige Mutationen bieten der Natur Möglichkeiten an, von denen die Natur die besten aussucht und bevorzugt. Diese führen dann die Evolution weiter. Carsten Bresch nennt daher die Evolution „gesiebt zufällig". Das „Sieb" gibt die Richtung an, in der die Entwicklung weitergehen soll. In dem, was gesiebt wurde, kann man eine Richtung erkennen: von den einfachen Teilchen über die Atome, Moleküle, Polymere, Aminosäuren bis zu den einfachen, dann komplizierteren Lebewesen – ja bis hin zu uns Menschen, die mit Geist und Selbstbewusstsein den gesamten Prozess erkennen.

Carsten Bresch fragt sich: „Warum fällt es den Biologen so schwer, an eine Richtung der Evolution zu glauben"? Haben sie Angst vor den Fragen: „Wenn eine Richtung vorgegeben ist, wohin führt sie dann"? „Wer oder was legt die Richtung fest"? Die Beschäftigung mit der Evolution führt an diesen Fragen nicht vorbei, wenn man in ihr einen gerichteten Prozess erkennt. Eine Antwort auf diese Fragen bleibt uns die Naturwissenschaft aber schuldig.

---

103 Sommer, V. in Geo-Wissen, a.a.O. S. 64.

In der Rückschau können wir sagen: Evolution ist ein „gigantischer Wachstumsprozess“. Wir wissen aber nicht, „weshalb die Dinge sich entwickeln, weshalb etwas lebt, weshalb der Mensch denkt. Mutation, Veränderung ist selbstverständlich ein wichtiger Aspekt der Evolution: Ohne Veränderung ändert sich nichts; und dass das Veränderte überleben muss, um zu überleben, ist auch klar. Dass es Verdrängungswettbewerb gibt, macht vielleicht das Aussterben bestimmter Arten verständlich, er erklärt aber nicht das Überleben und noch weniger die Entstehung irgendeiner Art.“[104]

Monod wehrte sich gegen jene philosophischen und religiösen Auffassungen, die behaupten, Evolution sei auf ein Ziel hin gerichtet. Für ihn ist die Ansicht nicht haltbar, die „in der Evolution den majestätischen Ablauf eines Programms entdeckt, das im Grundmuster der Welt vorgezeichnet war“. Für ihn ist deshalb die Evolution nicht wirklich Schöpfung, sondern lediglich „Offenbarung der bisher ausgesprochenen Absichten der Natur“.[105] Das war 1970. Heute legen zahlreiche wissenschaftliche Arbeiten über die komplexen, chaotischen Prozesse den Gedanken nahe, „dass die Lotterie der Natur zwar – wie jedes Glücksspiel – Nieten und Treffer produziert, aber Gewinner auf Dauer bevorzugt“.[106]

Zum Nachdenken

„Die Schaffung des Lebens (und des Geistes)
ist vielleicht die
großartigste Erfindung der Natur.
Müssen wir uns darüber wundern,
dass wir das noch nicht
richtig begriffen haben?

---

104 Schmitz-Moormann K.: *Schöpfung und Evolution*. Patmos Verlag, Düsseldorf, 1992, S. 119.
105 V. Sommer, a.a.O. S. 64.
106 V. Sommer, a.a.O. S. 66.

Als Raum und Zeit und die Materie
in einem fundamentalen Schöpfungsakt
der Natur geschaffen worden sind,
wurden auch die Grundlagen
der Naturgesetze festgelegt.

Die Materie, die sich in Raum und Zeit ausbreitet,
wurde von Anfang an mit Eigenschaften ausgestattet,
dass all das sich entwickeln konnte,
was wir heute im Weltall beobachten:

Milliarden und Abermilliarden
von Milchstraßen,
die sich laufend im Weltall ausbreiten;
Lebensformen von den primitivsten Anfängen,
von schon recht komplizierten
biochemischen Molekülen,
die sich teilen und vermehren konnten,
bis schließlich zu den modernsten
Formen der intelligenten Warmblüter
und des Menschen.

Der eigentliche Schöpfungsakt
bestand doch darin,
Raum, Zeit und Materie
mit jener geistigen Potenz auszustatten,
damit sich das alles entwickeln konnte."[107]

Heinz Haber

---

107 Haber, Heinz: *Die Zeit, Geheimnis des Lebens*. Langen Müller in der F.A. Herbig Verlagsbuchhandlung GmbH, München/Wien 1987, S.134f.

6.

Erfahrungen und Einsichten

Hans Jonas: „Alles nimmt teil an jenem Geist, der von Anfang an war."

Rupert Sheldrake: „Die Natur hat eine geistige Grundstruktur, die Informationen weitergibt."

Rupert Sheldrake [108] setzt sich als Biologe mit der Frage auseinander: Warum nehmen Dinge und Prozesse in der Natur immer wieder gleiche Formen an? Seine Antwort: Die Natur hat eine geistige Grundstruktur, wie wir es im 2. Kapitel gesehen haben. Durch „morphogenetische (= formgebende) Felder" gibt sie Informationen weiter. Für Sheldrake gibt es eine „geistige Ebene", mit der wir durch diese Felder in Verbindung stehen. Diese geistige Ebene hat – wie er sagt – mit Gott zu tun. Für ihn ist Gott eine Art von immanentem Geist im Sinne der Quantenphysik.

Ähnliche Überlegungen finden wir auch bei V.J. Becker in seinem Buch „Gottes geheime Gedanken". Wir wissen nicht, wo die Kraft unserer Gedanken herkommt. „Auch einem Tier können wir eine Form von Gedanken zuschreiben... Hat ein Baum eine Art intelligentes Feld, ein immaterielles Gedankenmuster, wenn er Sauerstoff produziert? Hat ein Eiskristall ein intelligentes Gedankenfeld, wenn es seine Form ausbildet? Warum verhalten sich alle Moleküle

---

108 Rupert Sheldrake (1942) ist Engländer. Er studierte Philosophie in Harvard und promovierte in Biochemie in Cambridge. Er ist ein bekannter und anerkannter Biologe.

eines Klebstoffes immer gleich? Woher „wissen" sie, dass sie eine Verbindung eingehen müssen? Ist hier schon eine Form von Intelligenz? Wenn man bei beliebigen Chemikalien nur ein Atom pro Molekül ändert, kann ein ganz anderer Stoff mit ganz anderen Eigenschaften entstehen. Wie kann es möglich sein, dass die Gesetze der Natur sagen, wie diese zu funktionieren hat? Wohnt den Gesetzen vielleicht ein intelligentes Feld inne, welches in der Lage ist, mehr oder weniger bewusst zu diktieren, wie Dinge sich zu verhalten haben?"[109]

Der Philosoph Hans Jonas gibt eine annehmbare Antwort auf unsere Fragen, wenn er sagt: „Jeder Mensch, ja alles, was geworden ist, nimmt teil an einer geistigen Grundstruktur – wenn auch in Graden." Wir wollen diesen Gedanken weiter nachgehen, denn sie entsprechen unserem modernen Weltbild.

Vielleicht lassen sich so verschiedene Phänomene erklären, für die wir bisher keine Erklärung fanden. Ein paar Beispiele sollen das verdeutlichen:

1. Am Beispiel unseres Körpers

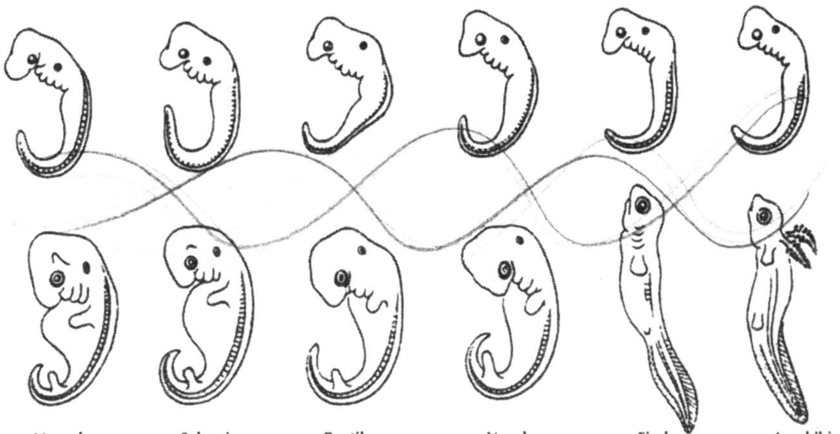

Föten verschiedener Wirbeltiere – genetisches Wunderwerk verbunden durch angedeutete DNA-Doppelhelix

109 Becker, V.J.: *Gottes geheime Gedanken*. Books on Demand, Norderstedt, 2006, S. 61f.

Betrachtet man die verschiedenen Wirbeltiere[110] in frühen Phasen ihrer Entwicklung, so lässt sich nicht erahnen, was aus ihnen werden wird: ein Fisch, ein Reptil, ein Vogel, ein Schwein – oder ein Mensch. Sie alle ähneln sich in diesem Stadium wie Geschwister. Und doch muss in ihnen ein spezielles Programm stecken – und zwar von vorneherein –, dass sie zu dem werden lässt, was in dem befruchteten Ei angelegt ist.

Ein Programm allein genügt nicht. Ein Programm enthält geistige Informationen. Woher kommen sie? Außerdem muss ein Programm realisiert werden. Woher kommt die notwendige geistige Kraft?

Betrachten wir einen **menschlichen Fötus in seiner Entwicklung**, so gelten dieselben Überlegungen:

Woher weiß eine Zelle, was sie in einem jeden Augenblick zu tun hat? Wann ist ein Arm oder ein Fuß oder das Auge im Kopf fertig entwickelt? „Woher wissen die Zellen am Ende eines sich entwickelnden Armes, dass sie sich nicht in vier oder sechs, sondern in fünf verschiedene Finger aufspalten müssen, von denen einer abspreizbar sein muss und an der rechten Hand links und an der linken rechts zu sitzen hat?“ [111] „Wie erfährt eine Zelle, wann sie mit dem Wachstum aufzuhören hat? Kein Mensch darf so groß werden wie eine Giraffe. Schon bei der Ausbildung von Händen im Embryo müssen irgendwann jene Zellen ihr Wachstum einstellen, die anfangs die Zwischenräume zwischen den entstehenden Fingern ausfüllen. Jedenfalls beim Menschen – nicht aber bei der Ente, die genau diese Zellen braucht, um Schwimmhäute auszubilden.“ [112]

Auch hier erkennen wir einen „Plan“, der von Anfang an vorhanden gewesen sein muss. Denn sonst ist das „Wunderwerk Mensch“ nicht zu erklären. Woher kommt der Plan? Ein Plan ist etwas Geistiges. Vor allen Dingen: Wer realisiert neun Monate lang diesen Plan?

---

110 Abbildung aus Geo, a. a. O. S. 80

111 Geo, a.a.O. S. 74.

112 vgl. Geo, a.a.O. S. 90.

Entwicklungsbiologen wie Nüsslein-Volhard[113] sind diesen Fragen nachgegangen. Das Ergebnis ihrer Forschungen: Das befruchtete Ei enthält von vornherein ein festgelegtes Programm. Schaltzentrale aller Vorgänge ist der Zellkern, der einen Durchmesser von weniger als ***ein hundertstel Millimeter (!)*** hat.

Jeder Zellkern enthält so viele Informationen wie vergleichsweise eine Bibliothek mit 100 000 Bänden. Die *350* unterschiedlich spezialisierten Zellen des Menschen dürfen jedoch ihre Informationen und Pläne nur aus jenen Büchern holen, die einzig und allein für sie wichtig sind. Alle andern sind für sie tabu. Was in diesen Büchern steht, wie kompliziert und umfangreich die Programme und Anordnungen sind, zeigen einige wenige Beispiele:

Das Blut – Gesundheitspolizei und Energieversorger

Nehmen wir einen Tropfen Blut. Die scheinbar gleichmäßig rote Flüssigkeit löst sich unter dem Mikroskop in viele Einzelzellen auf, die in einer gelblichen Flüssigkeit, dem Blutserum, schwimmen In diesem Blutserum fallen die roten und die weißen Blutkörperchen auf.

Die wichtigste Aufgabe der roten Blutkörperchen besteht darin, dass sie alle Zellen unseres Körpers mit Sauerstoff versorgen. Wenn man bedenkt, dass unser Körper aus 100 Billionen Körperzellen besteht, dann ist das eine ungeheure Arbeit, die vom Blut geleistet werden muss.

Dementsprechend groß ist auch die Anzahl der roten Blutkörperchen. Ein erwachsener Mensch hat etwa *25 000* Milliarden davon, die aneinandergereiht einen Faden von 200 000 Kilometer Länge ergeben. Dieser Faden würde fünfmal um die Erde reichen. Da die roten Blutkörperchen nur eine kurze Lebensdauer haben, werden im Knochenmark täglich mehr als 200 Millionen neu gebildet.

---

113 Nüsslein-Volhard, Chr., Direktorin am Max-Planck-Institut für Entwicklungsbiologie, erhielt für ihre Forschungsarbeiten 1995 den Nobelpreis.

Unser Herz – ein Transporteur von 125 Millionen Liter Blut

Der Körper eines erwachsenen Menschen enthält fünf Liter Blut. Dieses Blut fließt ununterbrochen durch ein geschlossenes Röhrensystem. Die Pumpe, die dafür sorgt, ist unser Herz, ein etwa 300 Gramm schwerer Muskel, der sich in der Minute 60 bis 70 Mal zusammenzieht. Mit 100 000 Schlägen presst es täglich die fünf Liter Blut durch unsern Körper. Das entspricht einer Menge von 15 000 Litern, die das Herz durch unsern Körper befördern muss. Im Laufe von 70 Jahren schlägt unser Herz zweieinhalb Milliarden Mal. Dabei transportiert es nicht weniger als 125 Millionen Liter Blut. Wollte man diese Flüssigkeitsmenge mit der Bahn befördern, benötigt man dafür mehr als 8500 große Kesselwagen. Diese ergäben eine Zuglänge von *85* Kilometern[114]. Das entspricht in etwa der Entfernung von Ulm bis zum Bodensee.

Jede Zelle eine chemische Fabrik

Unser Körper besteht aus 100 Billionen Körperzellen. Jede Körperzelle ist ein Lebewesen für sich. Der Aufbau einer Zelle lässt sich mit einer chemischen Fabrik vergleichen. (S. 65) Der sehr komplizierte menschliche Körper ist auf das Zusammenspiel aller seiner Zellen angewiesen. Indem er sich aller Fähigkeiten seiner Zellen bedient, kann er Hochleistungen vollbringen. Das ist aber nur möglich, wenn alle Zellen voneinander erfahren. Das geschieht durch ein leistungsfähiges Nachrichtenwesen unseres Nervensystems, das Meldungen ans Gehirn weiterleitet und von ihm „Befehle“ erhält.

Der eingebaute Thermostat

Unser Nervensystem und unser Gehirn können nur dann einwandfrei arbeiten, wenn sie bei konstanter Temperatur gehalten werden. Wenn unsere Körpertemperatur bei einem Fieberanfall auf 41 Grad oder 42 Grad Celsius steigt, ver-

---

114 Hitzbleck, E., a.a.O. S. 28.

fallen wir in Fieberfantasien. Wird unser Körper dagegen auf 34 Grad Celsius unterkühlt, werden wir bewusstlos und erleiden nach relativ kurzer Zeit den Kältetod. Es war eine bedeutende Erfindung der Natur, dass sie Lebewesen schaffen konnte, die einen „eingebauten Thermostaten" haben, damit die ideale Temperatur von 37 Grad Celsius aufrechterhalten bleibt. Das ist erstaunlich, wenn man bedenkt, dass alle Menschen, die je gelebt haben, die jetzt leben und jemals leben werden, schon vor der Geburt und dann das ganze Leben hindurch bis zum Tod immer bei dieser Temperatur von 37 Grad Celsius gehalten werden.

Unsere Lunge

Damit unsere Körperzellen Energie erzeugen können, müssen sie ständig mit Sauerstoff versorgt werden. Bei der Energieerzeugung selbst entsteht das giftig wirkende Kohlendioxid, das aus unserm Körper wieder entfernt werden muss. Für diesen Austausch sorgt das Blut, das bei seinem Kreislauf durch unsern Körper die Zellen mit Sauerstoff versorgt und vom Kohlendioxid befreit. Das Organ, das diesen Austausch in unserm Blut vornimmt, ist die Lunge. Unsere Lunge gehört zu den kompliziertesten Organen unseres Körpers. Im Schnitt macht sie den Eindruck eines Gummischwamms, der aus zahlreichen Bläschen besteht. In 400 Millionen – andere sprechen sogar von *750* Millionen – winzigen Bläschen pendelt unsere Atemluft hin und her. Die Oberfläche aller Lungenbläschen beträgt etwa 100 Quadratmeter. In diesen Lungenbläschen trennt nur noch eine hauchdünne Wand das Blut von der Atemluft. Durch die Wand geschieht in einem komplizierten Vorgang der Ausgleich: Das Blut wird mit neuem Sauerstoff beladen, während gleichzeitig das Kohlendioxid in dem vorbeistreichenden Luftstrom entkommt.

Unsere chemischen Fabriken: Leber und Niere

Unser Körper braucht zum Leben und Arbeiten Nahrung, die er nach ihrer Aufnahme zerlegt und auswertet. Das geschieht durch die Verdauung. Unsere Verdauung ist ein überaus komplizierter Vorgang. Dabei spielen Leber und

Nieren eine besondere Rolle. Die Leber ist – kurz gesagt – eine chemische Fabrik, die zahlreiche Aufgaben zu erfüllen hat: so die Produktion von Galle und anderen Verdauungssäften; die Umwandlung, Freisetzung und Speicherung von Kohlehydraten; die Lagerung von Eisen und Vitaminen; die Regulierung des Fett- und Cholesteringehaltes; die Herstellung von rund 30 Substanzen, die die Blutgerinnung regulieren; die Reinigung des Blutes von Bakterien und vieles mehr[115].

Unsere Nieren lassen sich mit einer Kläranlage vergleichen, die u.a. den Wasserhaushalt des Blutes und den Mineralhaushalt des gesamten Organismus regelt. Innerhalb von 24 Stunden werden die fünf oder sechs Liter Blut nicht weniger als 300-mal durch die Nieren geleitet. Das sind 1 500 bis 1 800 Liter mit einem Gewicht von mehr als eineinhalb Tonnen. Unsere Nieren erweisen sich unter dem Mikroskop als ein sehr kompliziertes System feinster Röhrchen, den so genannten Harnkanälchen. Könnte man die etwa 100 Millionen Harnkanälchen aneinanderreihen, ergäben sie eine Länge von 25 Kilometern.

Die Leistungsfähigkeit der Nieren ist neunmal größer, als sie zur Gesunderhaltung des Körpers nötig wäre. Auch hier zeigt sich die weise Voraussicht der Natur, die selbst an größere „Störanfälle" gedacht hat. Auch wenn eine Niere ganz ausfallen sollte, kann der Mensch mit einer Niere weiterleben.

Ich fasse zusammen:

Diese wenigen Beispiele zeigen nur ein paar Seiten oder Kapitel von jenen 100 000 geheimnisvollen Bänden der „Bibliothek", die unserm Zellkern zur Verfügung stehen. Das Ergebnis ist der menschliche Körper in seiner Leistungsfähigkeit – aber auch der Mensch in seiner Einmaligkeit.[116]

Biologen untersuchen oder erforschen, wie der Formenreichtum der Natur möglich ist – speziell, wie die „Gestaltwerdung" gesteuert wird. „Ziel ist es, die „Stellschrauben im Erbgut zu finden, die Flossen, Flügel, Beine, Nasen

---

115 Vgl. Wesson, R., a.a.O. S. 84.

116 nach Hitzbleck, E.: Die Schöpfung als Gottes Offenbarung. Hänssler Verlag, Neuhausen – Stuttgart, 1982, S. 84f.

Schwänze oder Hörner wachsen lassen … Wäre es möglich, die Stammesgeschichte vom Fisch zum Menschen im Zeitraffer nachzuvollziehen, es sähe aus, als hätte da jemand ein seltsames Morphing-Programm gestartet: Flossen mutieren zu Watschelbeinen, die allmählich immer staksiger werden; der Schwanz schrumpft, wächst wieder, verwandelt sich in ein drolliges Greiforgan, nur um dann völlig zu verschwinden; die lange Schnauze wird immer wieder gestaucht, bis das Gesicht völlig zerknautscht aussieht – und dann, ganz plötzlich wuchert in der Mitte ein scharf geschnittenes Riechorgan.

Wie war das möglich? Wo im Erbgut steht geschrieben, wie kantig ein Kinn, wie breit der Brustkorb, wie wulstig die Augenbraue ist?

Noch kennen die Wissenschaftler die Antworten auf diese Fragen nicht. Wie die schlichte Abfolge der DNA – Buchstaben auf dem Erbgutstrang komplexe dreidimensionale Formen hervorbringen kann, wissen sie letztlich nicht.“[117]

2. Weitere Beispiele aus der Natur

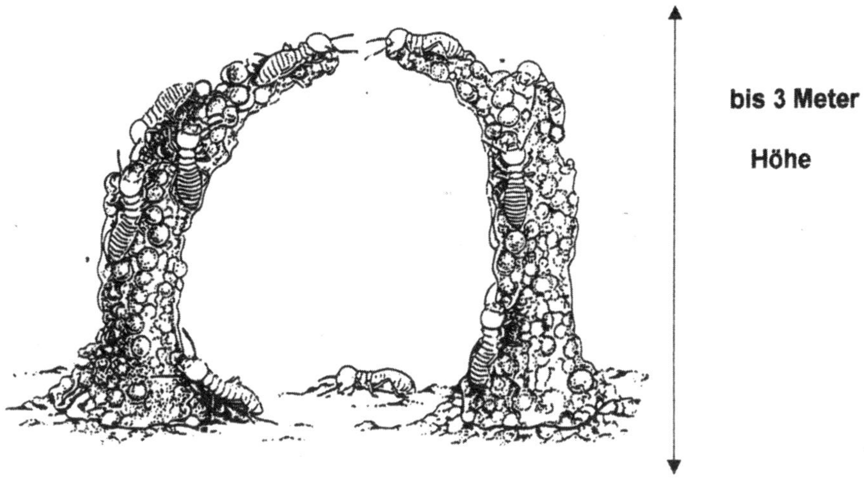

Termitenhügel

117 Der Spiegel, 4/2009, S. 100.

In zahlreichen Büchern sind sie abgebildet: die Termitenhügel. Riesige Nester beherbergen etwa zwei Millionen Insekten. Der Bau entwickelt sich aus einer kleinen unterirdischen Kammer. Diese wird von einem Königspaar angelegt. Darüber befindet sich das Nest mit vielen einzelnen Kammern, die durch zahllose Gänge miteinander verbunden sind. »Sie enthalten fein zerkautes Holz, auf dem die Termiten Pilze anbauen, von denen sie sich ernähren… Die Luft in den Pilzkammern wird durch Fermentation und durch die Termiten selbst erwärmt. Sie steigt auf und strömt durch ein Röhrensystem in der Außenwand, das so porös ist, dass ein Gasaustausch stattfinden kann: Kohlendioxyd entweicht und Sauerstoff dringt von außen ein. Aus dieser Lunge strömt die kühlere und regenerierte Luft durch ein zweites Röhrensystem ins Untergeschoss zurück.

Das ganze Bauwerk wird von Arbeitern aus Erdklümpchen errichtet, die mit Kot und Speichel zusammengeklebt werden… Wenn sie Bögen bauen, errichten sie zuerst zwei Säulen, deren oberes Ende sie dann im Bogen auf die andere Säule zu verlängern, bis sich die beiden Enden [in einer Höhe von etwa drei Metern] treffen. Niemand weiß, wie sie das schaffen; sie können die andere Säule nicht sehen, denn sie sind blind und sie laufen offenbar auch nicht auf dem Boden zwischen den Säulenfüßen hin und her, um den Abstand zu messen. Es ist auch unwahrscheinlich, dass sie bei all der hektischen Betriebsamkeit bestimmte Ortungsgeräusche wahrnehmen, die sich durch den Boden übertragen. Auch der Geruchssinn bietet keine Erklärung.

Die Antwort von R. Sheldrake dürfte hier überzeugen: Die Natur hat eine geistige Grundstruktur, die Informationen weitergibt. Dieser Gedanke bietet sich auch an, wenn wir als Nächstes die Bakterien betrachten:

Ein weiteres Beispiel sind die Bakterien.

Sie sind die kleinsten, leistungsfähigsten, ältesten Elektromotoren der Welt.

Vor mehr als 3 Milliarden Jahren sind sie entstanden. Sie sind die „Erstlinge“ der Schöpfung und stehen ganz am Anfang jenes gewaltigen Geschehens, das wir „Evolution“ nennen.

Bakterien bestehen aus nur **einer einzigen Zelle**. Im Vergleich dazu: Unser Körper besteht aus 60 Billionen Zellen (1 Billion = 1 Million Millionen!). Die Bakterienzelle hat eine Länge von 1 bis 4 hunderttausendstel Millimeter. Sie bewegt sich mit 4 – 8 **schwingenden Geißeln** fort, die wie ein Propeller rotieren. **Jede dieser Geißeln besitzt ihren eigenen Motor** mit einem Durchmesser von lediglich 30 millionstel Millimeter. Und doch entspricht sein Aufbau verblüffend genau dem eines modernen Elektromotors:

Zwei Platten dienen als **Kondensator** mit einer Spannung von 0,2 Volt.

Das Besondere an diesem „Elektromotor": Sein **Wirkungsgrad** – die Energieausnutzung – beträgt 100%. Beim Dieselmotor werden im Vergleich dazu nur 35% der Energie seines Treibstoffs Öl in Bewegungsenergie umgewandelt. Der Rest geht in Wärme verloren.

Da ist es verständlich, dass japanische Biophysiker mehrere Millionen Dollar in die Erforschung der phantastischen Mikro – Technologie des Bakterienmotors investieren, in der Hoffnung, dass sie nach dem Vorbild der Natur selbst neue Motoren mit ähnlichem Wirkungsgrad bauen können. Bis heute allerdings haben ihre Bemühungen keinen nennenswerten Erfolg gezeigt.

Die Information für den Aufbau dieses „vollkommensten Motors der Welt" muss in der DNS der Bakterienzelle gespeichert sein. Unsere Frage: Kann er durch „Zufall" aus sich heraus entstanden sein? Die Bemühungen der japanischen Biophysiker zeigen, welche geistigen und technischen Anstrengungen nötig sind, um solch einen Motor nachbauen zu können. Woher hat die Natur die nötigen Informationen? Woher hat sie die Möglichkeit, den doch recht komplizierten Plan umzusetzen?

Ein weiteres Phänomen, für das es bisher keine Erklärung gab: Woher kommen plötzlich neue Erkenntnisse – Eingebungen, die man nicht erwarten konnte?

Auch hierzu ein paar Beispiele:

Jörg Zink erlitt nach einem Vortrag in Stuttgart einen Herzinfarkt und war alleine daheim. Eine junge Frau, die früher mit ihren Eltern bei J. Zink gewohnt hatte und nun in Norddeutschland lebt, wird nachts wach und ahnt, wie J. Zink daheim Hilfe braucht. Sie ruft ihre Mutter in Heidelberg an und berichtet davon. Diese fährt sofort nach Stuttgart und findet Jörg Zink. Im letzten Moment konnte sie ihm noch helfen. Jörg Zink fragt: Woher wusste die junge Frau, dass ich Hilfe brauche. Warum ruft diese nachts ihre Mutter in Heidelberg an, damit sie nach Stuttgart fährt, um mir zu helfen – ja mich zu retten? Warum reagiert die Mutter gleich auf den Anruf? Sie hätte ja abwarten können. Aber dann wäre es zu spät gewesen.

Ein weiteres Beispiel:

Thomas von Aquin hatte am 6. Dezember 1273 ein nie näher beschriebenes Erlebnis, das ihn verstummen ließ. Er sprach nur noch die Worte: „Alles, was ich geschrieben habe, erscheint mir wie Stroh im Vergleich zu dem, was mir offenbart worden ist.“ Bis zu seinem Tod ein viertel Jahr danach schrieb er kein Wort mehr. Seine Summa Theologica blieb unvollendet.

Fred Hoyle hatte mit einem Mitarbeiter an einem schwierigen mathematischen Problem gearbeitet, das sie einfach nicht lösen konnten. Sie mussten ein kompliziertes Integral lösen, fanden aber keine Lösung. Vielleicht werden bei Ihnen Erinnerungen an Ihre eigene Schulzeit wach.

Fred Hoyle war es schließlich leid und fuhr in Urlaub – von Cambridge ins schottische Hochland. Bei seiner Fahrt durch die Landschaft passierte es: Innerhalb von nur 5 Sekunden hatte er die Lösung gefunden. Er schreibt sie nicht auf, wie das sonst jeder tun würde. Dieses Ergebnis hatte sich ihm so fest eingeprägt, dass er sich keine Notizen machen musste.

Für Fred Hoyle selbst war das ein religiöses Erlebnis. Er glaubt, der Kosmos werde von einer „Superintelligenz" beherrscht – einer Intelligenz, an der wir Menschen teilhaben. Das sind ähnliche Überlegungen wie vorher bei Sheldrake und Hans Jonas.

Solche Erlebnisse, von denen Fred Hoyle berichtet, machen zahlreiche andere Naturwissenschaftler auch.

Zum Beispiel: **Werner Heisenberg** befand sich in einer ähnlichen Situation wie Fred Hoyle. Im Schlaf fand er die Lösung eines mathematischen Problems. Wie sehr ihn das innerlich bewegte, beschrieb er mit folgenden Worten:

„Ich hatte das Gefühl,
durch die Oberfläche der Erscheinungen hindurch
auf einen tief darunter liegenden Grund
von merkwürdiger Schönheit zu schauen,
und es wurde mir schwindelig
bei dem Gedanken,
dass ich nun dieser Fülle
von mathematischen Strukturen nachgehen sollte,
die die Natur dort unten
vor mir ausgebreitet hatte,
ich war so erregt,
das ich an Schlaf nicht denken konnte.

So verließ ich in der schon beginnenden Morgendämmerung
das Haus und ging an die Südspitze des Oberlandes,
wo ein allein stehender,
ins Meer vorspringender Felsturm
in mir immer schon die Lust zu Kletterversuchen
geweckt hatte.

Es gelang mir ohne große Schwierigkeit,
den Turm zu besteigen,
und ich erwartete auf seiner Spitze
den Sonnenaufgang."[118]

Manche Naturwissenschaftler berichten, wie sie durch Intuition neue Erkenntnisse fanden: etwa beim Baden in der Badewanne oder beim Wandern in der Natur – um nur zwei Beispiele zu nennen.

Der Psychoanalytiker Carl Gustav Jung stellte fest: In unseren Träumen – in unserm Unterbewusstsein – haben wir Zugriff auf das kollektive Unbewusste. Dieses kollektive Unbewusste ist wie ein Meer aus Informationen, das alle Menschen verbindet. Auf einer tieferen Ebene der Psyche besitzen alle Menschen die gleichen Informationen, wie es ja auch die Erkenntnisse der Quantenphysik nahelegen.

Vor einigen Jahren hat **Aldous *Huxley*** ein wertvolles Buch veröffentlicht, **eine Blütenlese aus den Mystikern der verschiedensten Zeiten und Völker**. Es ist interessant: Menschen verschiedener Rassen und verschiedener Religionen haben die gleichen Gedanken. Es gab noch keine Kommunikation wie heute, es gab kein Fernsehen, kein Internet, keine Zeitung. Keiner hatte von der Existenz des anderen gewusst. Zwischen ihnen lagen Jahrhunderte und Jahrtausende und die größten Entfernungen auf unserm Erdball.

In einem Aufsatz „Die Einheit des Bewusstseins" schreibt Erwin Schrödinger, all das sei durch unsere Teilnahme an einem „höchsten, allgemeinen Bewusstsein" zu erklären. Dieser Gedanke stützt sich auf die Erfahrung, dass Bewusstsein nie in der Mehrzahl, sondern immer nur in der Einzahl erlebt wird. Wenn es verschiedene Bewusstseinsarten gäbe, müssten wir ihren Unterschied erkennen oder erfahren haben.[119]

---

118 Heisenberg, Werner: *Gesammelte Werke, Bd. III. Der Teil und das Ganze.* Piper Verlag, München, 1969, S. 89-90.

119 Schrödinger, Erwin: *Die Einheit des Bewusstseins.* in: Dürr, Hans-Peter: Physik und Transzendenz, Scherz Verlag, Bern/München/Wien 1995, S.160f.

Auch der intuitiv-spirituelle Weg der Mystiker hat somit neben der naturwissenschaftlichen Erkenntnis seine Berechtigung. Er lässt sich auch durch die Ergebnisse der Quantenphysik deuten und begründen. Denn: Wenn wir teilhaben an den geistigen Informationen (Zeilinger) des Anfangs oder an der geistigen Grundstruktur des Universums, dann liegt der Gedanke nahe, dass manche unserer Informationen oder Gedanken, für die wir keine Erklärung haben, hier ihren Ursprung haben. Unsere Teilnahme und Teilhabe am geistigen (göttlichen) Urprinzip, Urgrund, Gott können die Erklärung sein.

Das waren ein paar Beispiele, die uns vor die Frage stellen: Wie sind diese Phänomene zu erklären? Wir müssen zugeben. Es gibt keine Antwort. Es sei denn, man lässt sich auf die Grundlagen der Quantenphysik ein: Nicht die Materie ist das eigentlich Wahre, sondern der Geist, an dem alles, was geworden ist, teilhat.

Geistig-schöpferische Kräfte im Universum: Manche nennen sie Gott.

Ich habe es immer seltsam gefunden,
dass die Religion das Denken der
Wissenschaftler, die doch behaupten,
nichts von ihr zu halten, tatsächlich
oft stärker beherrscht als das
der Geistlichen.

Fred Hoyle

Vorüberlegungen

Wir wissen laut Statistik, dass mehr als 40 % aller Naturwissenschaftler religiös sind. 40 % haben das zugegeben. Es werden noch viele mehr sein. Sie können es mit Rücksicht auf ihren „Ruf als Wissenschaftler" nicht zugeben – zumindest nicht, solange sie noch im Beruf sind. Das bezeugen der Physiker Hans-Peter Dürr und der Biologe Carsten Bresch in einem Interview. 40% bei den Naturwissenschaftlern sind mehr als bei den übrigen Befragten.

Naturwissenschaftler können die schöpferische Kraft des Universums und seinen Bauplan erkennen, wie wir das gesehen haben. Sie setzen sich mit dem modernen Weltbild auseinander und hinterfragen es philosophisch. Trotzdem ziehen viele von ihnen ganz bewusst keine Folgerungen über die Existenz eines personal verstandenen Schöpfers und Planers. Das kann auch nicht sein. Ein Physiker kann als Naturwissenschaftler niemals die Frage nach der Existenz Gottes – geschweige denn eines personal verstandenen Gottes – stellen. Aber ein Physiker ist nicht nur Naturwissenschaftler, er ist auch Mensch. Und als Mensch fragt er weiter. Er sieht die Ergebnisse seiner Forschung im Zusammenhang mit den für uns Menschen typischen Fragen nach einem tragenden Grund und dem Sinn unseres Lebens.

Zahlreiche Naturwissenschaftler haben sich mit der Frage nach dem Anfang auseinandergesetzt und für sich persönlich eine Antwort gefunden – eine Antwort, die jedoch nicht von jedem akzeptiert werden muss. Paul Davies wagt in seinem Buch „Gott und die moderne Physik" eine Behauptung, die Theologen nicht gerne hören, die sicherlich auch erklärt und ergänzt werden muss. Er behauptet: „Bei der Suche nach Gott bieten die Naturwissenschaften einen sichereren Weg als die Religion!" Er spricht dann von einem „leitenden, überwachenden, alles umfassenden Geist, der den Kosmos durchdringt und die Naturgesetze so handhabt, dass dabei ein bestimmter Zweck erfüllt wird, der aber außerhalb der Naturgesetze nicht tätig zu werden vermag."[120] Andere sehen in diesem Schöpfer die „Tiefe des Seins" (Paul Tillich), „Grund und Geheimnis der Welt" (Adolf Portmann), „Prinzip und Ordnung der Wirklichkeit" (W. Heisenberg), „Prozess der Schöpfung" (A. N. Witehead), „Faktor und Kraft der Evolution" (E. Jantsch)[121]

Wir alle suchen eine Antwort auf die Frage nach dem „Urgrund" oder „Gott". Diese uns von der Natur vorgegebene Frage kann aber niemand mit Sicherheit beantworten. Sie bleibt letztlich einem jeden selbst überlassen.

Auf den folgenden Seiten sollen bekannte Naturwissenschaftler ausführlicher zu Wort kommen und ihre persönliche Antwort geben. Vielleicht helfen sie uns, eine eigene Antwort zu finden.

Niels Bohr

Niels Bohr[122] war dänischer Physiker. Ab 1916 war er Professor in Kopenhagen, ab 1920 Direktor des dortigen Instituts für theoretische Physik. 1943 emigrierte er in die USA, wo er am Atombombenprojekt beteiligt ist. 1945 kehrte er nach Kopenhagen zurück. – Er ist berühmt durch die Anwendung der Planck´schen Quantenvorstellung auf das Rutherford´sche Atommodell (1913) und die sich

---

120 Davies, Paul: *Gott und die moderne Physik*. Bertelsmann Verlag, München, 1986, S. 294; 273.

121 Daeke, M.: *Gott der Vernunft, Gott der Natur und persönlicher Gott.* in Bresch C. u.a. a.a.O. S. 147.

122 1885-1962

daraus ergebenden Konsequenzen. 1922 erhielt er dafür den Nobelpreis für Physik.

Niels Bohr bekennt in einem Gespräch mit Werner Heisenberg: „Wenn in den Religionen aller Zeiten in Bildern und Gleichnissen … gesprochen wird, so kann das kaum etwas anderes bedeuten, als dass es eben keine andere Möglichkeiten gibt, die Wirklichkeit, die hier gemeint ist, zu ergreifen. Aber es heißt nicht, dass sie keine echte Wirklichkeit ist. … Die Tatsache, dass verschiedene Religionen diesen Inhalt in sehr verschiedenen Formen zu gestalten suchen, bedeutet dann keinen Einwand gegen den wirklichen Kern der Religion."[123] Der Kern aller Religionen ist der Glaube an Gott.

Wernher von Braun

Raketenforscher. Wernher von Braun, geb. 1912, gehört zu jenen Naturwissenschaftlern, die durch ihre Forschungsarbeit zum Glauben an Gott und ans Jenseits fanden.

Wernher von Braun wurde einmal gefragt, ob die „himmelstürmenden Weltraumfahrer" die Grundfesten der Religion erschüttern würden. Darauf gab er die Antwort: „Nein! Aber ich glaube, es ist im Zeitalter der Weltraumfahrt dringend nötig geworden, Gott als einen weit größeren und mächtigeren Schöpfer und Herrn anzuerkennen, als ihn viele von uns früher gesehen haben".[124]

Diese Gedanken ergänzte er ein andermal: „Die wachsenden naturwissenschaftlichen Erkenntnisse machen den Glauben an einen Schöpfer nicht überflüssig. Je genauer wir die Merkmale der Atomstruktur, das Wesen des Lebens und den Gang der Milchstraßen verstehen lernen, desto mehr Grund haben wir, über das Wunder der göttlichen Schöpfung zu staunen."[125]

---

123 Dürr, Hans-Peter: *Physik und Transzendenz*. Scherz Verlag, Bern 1995, S. 301f.

124 Aus Pallottinerkalender 1982, Limburg, S. 13.

125 Deuticke, F.: *Der Gottheit lebendiges Kleid*. F. Deuticke Verlag, Wien 1982, S. 13.

Carsten Bresch

Carsten Bresch, geboren 1921, Professor Dr. rer. nat., Studium der Physik, war 1949 Assistent am Max-Planck-Institut für physikalische Chemie in Göttingen, hatte 1957 den Lehrstuhl für Mikrobiologie an der Universität Köln inne, war 1964 Head of Biology Division, Southwest center for Advanced Studies in Dallas (Texas). Ab 1968 war Bresch Professor für Genetik an der Universität Freiburg, Leiter des Zentrallabors für Mutagenitätsprüfung der Deutschen Forschungsgemeinschaft. Er ist Autor des Standardlehrbuchs „Klassische und molekulare Genetik", inzwischen emeritierter Professor.

In einem Gespräch bekennt Bresch: „Ich bin in einem evangelischen Elternhaus groß geworden und habe dann im Konfirmandenunterricht gelernt, dass man Gott nicht durch Vernunft erkennen kann … , sondern dass man einfach glauben müsste. Ich war schon als Schüler so naturwissenschaftlich orientiert, dass mir das so sehr gegen den Strich ging, dass ich das Christentum vergessen habe. Ich habe Naturwissenschaft studiert, erst Physik und dann Biologie, habe mich eigentlich jahrzehntelang als Agnostiker gefühlt und dann habe ich angefangen, mich mit der Evolution zu beschäftigen. Dann ging das große Wundern los und ich habe so viele Dinge gefunden die mich wundern ließen, dass ich dabei – muss ich sagen – religiös geworden bin. Das bedeutet aber keine Rückkehr zum Christentum".[126]

Als Biologe sucht er nach dem tragenden Grund des Universums und der Evolution: „Die Alpha-Bedingungen – das sind die Naturgesetze, der Anfangszustand des Universums und die Eigenschaften von Materie (Energie) und Raum-Zeit – führen zwangsläufig zu Mustern immer höherer Komplexität mit ständig wachsender Wirkungspotenz auf andere Muster (Information). In seiner ganzen Breite ist dieses Prinzip nicht beweisbar, doch deutet alles Wissen der Naturwissenschaft in diese Richtung. Die menschliche Existenz ist in dieses Geschehen einer umfassenden Evolution als fortwirkende Folge der

126 Bresch, C. a.a.O. S. 157.

Alpha-Bedingungen eingebettet. Unser Bestreben, die Natur zu verstehen, ist letztlich Suche nach dem unerreichbaren Grund des Universums".[127]

Paul Davies

Paul Davies wurde 1946 geboren. Er war Professor für theoretische Physik in Newcastle upon Tyne. Er zählt zu den führenden Physikern Großbritanniens. Die „New York Times" nennt ihn „einen der fähigsten Wissenschaftsautoren diesseits und jenseits des Atlantiks".

Paul Davies bekennt von sich: „Ich gehöre zu der Gruppe von Wissenschaftlern, die sich zu keiner der großen Religionen bekennen, aber ich meine doch, das Weltall könne kein zweckfreier Zufall sein. Meine wissenschaftliche Arbeit hat mich immer mehr davon überzeugt, dass das physikalische Universum genial konstruiert ist. Das kann ich nicht einfach als schlichte Tatsache hinnehmen. Es muss, so scheint mir, eine tiefere Erklärungsebene geben. Ob man diese tiefere Ebene „Gott" nennen will, ist eine Frage des Geschmacks und der Definition".[128]

Warum glaubt Paul Davies an eine „Transzendenz"? Er begründet sie mit folgender Überlegung: Überall um uns herum scheinen wir auf Beweise dafür zu stoßen, dass es die Natur gerade richtig hingekriegt hat. Die fundamentalen Naturgesetze besitzen große Eleganz, Einfachheit und innere Folgerichtigkeit. Sie erlauben zugleich, dass Systeme existieren, Planeten etwa mit den entsprechenden Lebensräumen, die zugleich stabil und komplex genug sind, um die Basis für bewusstes Leben abzugeben. Das aber bedeutet für Paul Davies: Unsere eigene Existenz ist in die Naturgesetze „hineingeschrieben". Offensichtlich sind wir Teil eines großen Planes.

Daraus folgt: Wer akzeptiert, dass die neue Physik Beweise für einen „Weltenplan" ans Licht bringt, der steht vor der Frage, wer denn der Planer ist. Aber hier müssen wir den Bereich der Wissenschaft verlassen, die sich ja nur mit der natürlichen Welt beschäftigt, und in das Gebiet der Theologie überwechseln.

---

127 Bresch C. a.a.O. S. 85.

128 Davies, Paul: *Der Plan Gottes.* Insel Verlag, Frankfurt / M., 1995, S. 14.

Doch die neue Physik weist kraftvoll in eine neue Denkrichtung. Sie zeigt uns ein Weltall, das viel mehr ist als ein kolossaler, sinnleerer Zufall. Davies ist davon überzeugt, dass hinter unserer Existenz ein Sinn steckt.

In seinem Buch „Die Urkraft" schreibt er: „Wenn die Natur so schlau ist, dass sie Mechanismen ausnutzen kann, die uns durch ihren Einfallsreichtum erstaunen lassen, sollte das nicht Hinweis genug auf ein intelligentes Design sein, das hinter dem physikalischen Universum steckt? Wenn selbst die besten Köpfe nur mit größter Mühe das innere Wirkungsgefüge der Natur enträtseln können, wie soll man dann noch annehmen, dass es sich hier nur um ein zufälliges sinnloses Ereignis handelt?... Wenn mehrere Hinweise verstanden worden sind, zeigt sich allmählich ein Muster. So, wie die Wörter in einem Kreuzworträtsel zusammenpassen und ein geordnetes Bild ergeben, so erkennen wir nach und nach eine bemerkenswerte Ordnung der Natur ... Im Falle des Kreuzworträtsels kämen wir nie auf die Idee, dass die Wörter bloß zufällig in ein Muster passen ... Wenn wir also nicht daran zweifeln, dass die Ordnung, Konsistenz und Harmonie eines Kreuzworträtsels darauf schließen lassen, dass es die Hervorbringung eines einfallsreichen und erfinderischen Geistes ist, warum befallen uns dann Zweifel im Falle des Universums?"[129]

Für die Evolution ist es entscheidend, „dass etwas Wertvolles entsteht, weil ein Vorgang nach genialen, vorher festgelegten Regeln abläuft. Die Regeln sehen so aus, als ob sie einem intelligenten Plan entsprechen. Das lässt sich wohl kaum leugnen.

Ob man glauben will, dass sie wirklich so geplant waren, und falls ja, von wem, bleibt eine Sache des persönlichen Geschmacks. Ich selbst neige dazu, solchen Eigenschaften wie Einfallsreichtum, Wirtschaftlichkeit und Schönheit eine echte transzendentale Wirklichkeit zuzuschreiben – sie sind nicht nur das Ergebnis menschlicher Erfahrung – und diese Eigenschaften als Spiegelungen der Struktur der natürlichen Welt zu sehen."

---

129 Davies, Paul: *Die Urkraft*. Rasch & Röhring Verlag, Hamburg, 1987, S. 310f.

Albert Einstein

Albert Einstein [130] wurde durch seine Arbeiten, von denen einige die Grundlagen der Physik revolutionierten, zum bedeutendsten Physiker des 20. Jahrhunderts. Er war unter anderem der Urheber der Relativitätstheorie. 1921 erhielt er den Nobelpreis für Physik.

Albert Einstein war Jude, trennte sich aber schon in jungen Jahren von diesem Glauben. Während des Physikstudiums und durch seine Beschäftigung mit dem modernen Weltbild wird er – wie er sagte – ein religiöser Mensch. So kann er sagen: „Das Schönste, was wir erleben können, ist ***das Geheimnisvolle.***“

Die Bereiche der Atome und der noch kleineren Teilchen, der Quanten, sind geheimnisvoll, weil sie von der materiellen Welt in den Bereich des Geistigen, des „Göttlichen“ führen. Das Geheimnisvolle ist für Einstein die Grundlage zu einer **kosmischen Religiosität**. Was versteht er darunter? Er beschreibt es etwa so: Religiosität liegt im verzückten Staunen über die Harmonie der Naturgesetzlichkeit, in der sich eine so überlegene Vernunft offenbart. Alles Sinnvolle menschlichen Denkens und Anordnens ist dagegen ein gänzlich nichtiger Abglanz.[131] Religiosität bedeutet für Einstein die Öffnung des Menschen zu einem Sein, das ihn überschreitet; eine Öffnung zur Transzendenz.

„Je weiter die geistige Entwicklung des Menschen voranschreitet, in desto höherem Grade scheint es mir zuzutreffen: Der Weg zu wahrer Religiosität führt nicht über Daseinsfurcht, Todesfurcht und blinden Glauben, sondern über das Streben nach vernünftiger Erkenntnis.“ D.h., der Weg zu Gott geht für ihn über die Naturwissenschaften. Warum das so ist, begründet Teilhard de Chardin: „Die Natur ist die erste Offenbarung Gottes, erst dann kommt die Offenbarung der Religion.“

---

130 1879-1955

131 Frei nach: Kather, Regine: *Der Mensch – Kind der Natur oder des Geistes?* Ergon Verlag, Würzburg, 1994, S.63.

Für Einstein lautet die Botschaft der Physik: Die sichtbare Wirklichkeit ist ihrer Struktur nach schöpferischer Gedanke. Sie wird vom schöpferischen Denken des Physikers erkannt und von einem denkenden Schöpfer regiert. [132]

Die tiefe Ordnung der Natur ist für Einstein Ausdruck einer göttlichen Vernunft, die der Mensch nur unvollständig erfassen kann. Natur erscheint nicht als kalter, toter Mechanismus, in dem sich der Mensch verloren fühlen müsste. Ihre Ordnung flößt Vertrauen ein und ihre Schönheit und Erhabenheit erfüllt mit tiefer Ehrfurcht und Demut. „Zu empfinden, dass hinter dem Erlebbaren ein für unseren Geist Unerreichbares verborgen ist, dessen Schönheit und Erhabenheit uns nur mittelbar und in schwachem Widerschein erreicht, das ist Religiosität. In diesem Sinne bin ich religiös. Es ist mir genug, diese Geheimnisse staunend zu ahnen und zu versuchen, von der erhabenen Struktur des Seienden in Demut ein mattes Abbild geistig zu erfassen". [133]

Nach Einstein ist es nicht denkbar, dass ein ernst zu nehmender Wissenschaftler, ein „tiefschürfender Geist", wie er ihn nennt, nicht auch zugleich ein religiöser Mensch sei. „Seine Religiösität liegt in einem verzückten Staunen über die Harmonie der Naturgesetzlichkeit, in der sich eine überlegene Vernunft offenbart".[134]

Ein bekannter Ausspruch von Einstein lautet: „Ein begrenztes Wissen führt uns von Gott weg, ein erhöhtes Maß wieder zu Gott zurück."

Stephen Hawking

Stephen Hawking (geb. 1942) ist Physiker und Mathematiker an der Universität Cambridge, wo ihm 1979 der Titel „Lucasian Professorships" verliehen wurde, ein angesehenes Lehramt, das vor ihm Newton und Paul Dirac bekleideten.

---

132 Markus, S.M.: *Der Gott der Physiker.* Birkhäuser Verlag, Basel/Boston/Stuttgart, 1986, S. 370.

133 Kather, Regine: *Der Mensch – Kind der Natur oder des Geistes*? Ergon Verlag, Würzburg, 1994, S. 117f.

134 Altner, G. / Bresch, C. u.a. *Evolution und Menschenbild.* Hoffmann und Campe Verlag, Hamburg, 1983, S. 17.

Der Spiegel[135] charakterisiert ihn mit folgenden Worten: „Sein Scharfsinn wird als genial gerühmt, seine Neugier trägt faustische Züge: Nach „Gottes Plan“ sucht der gelähmte britische Astrophysiker, den Fachkollegen wegen seiner Einsichten gern mit Albert Einstein vergleichen. Der stumme Denker aus Cambridge, der nur über einen Sprechcomputer kommunizieren kann, will eine alles erklärende „Weltformel“ finden: „Mein Ziel ist ein vollständiges Verständnis des Universums.“

Hawking leidet seit über zwanzig Jahren an Muskelschwund, ist an den Rollstuhl gefesselt und kann sich nur durch einen Sprechcomputer verständigen. Sein Buch „Eine kurze Geschichte der Zeit – Die Suche nach der Urkraft des Universums“[136] schließt er ab mit den Sätzen: „Wenn wir ... eine vollständige Theorie entdecken, dürfte sie nach einer gewissen Zeit in ihren Grundzügen für jedermann verständlich sein, nicht nur für eine Handvoll Spezialisten. Dann werden wir uns alle ... mit der Frage auseinandersetzen können, warum es uns und das Universum gibt. Wenn wir die Antwort auf diese Frage fänden, wäre das der endgültige Triumph der menschlichen Vernunft – denn dann würden wir Gottes Plan kennen“.

In dem Spiegel-Interview wird Hawking gefragt: „Glauben Sie an Gott oder an die Vorstellung irgendeiner höheren Macht“? Seine Antwort: „Ich glaube nicht an einen persönlichen Gott“. Spiegel: „Heißt das, dass Sie an einen unpersönlichen Gott glauben“? Hawking: „Wenn Sie wollen, können Sie sagen, Gott sei die Verkörperung der physikalischen Gesetze. Aber das ist nur verwirrend, da die meisten Menschen das Wort Gott mit einem Wesen verbinden, zu dem man eine persönliche Beziehung haben kann. Die Gesetze der Physik aber haben wenig Persönliches an sich“.

---

135 Der Spiegel, Hamburg 17.10.1988.

136 Hawking, St.: *Eine kurze Geschichte der Zeit.* Rowohlt Verlag, Reinbek b. Hamburg, 1988.

Werner Heisenberg

Werner Heisenberg wurde 1901 in Würzburg geboren. 1927 wurde er Professor für theoretische Physik in Leipzig, seit 1941 war er Professor und Direktor des Max-Planck-Instituts für Physik in Berlin, später Göttingen, seit 1958 in München. 1948 wurde Heisenberg Präsident des Deutschen Forschungsrates und anderer wissenschaftlicher Institutionen. 1927 beschrieb er die für die Quantenphysik grundlegende Unschärferelation. 1932 erhielt er den Nobelpreis für Physik.

In einem Gespräch fragte Wolfgang Pauli ziemlich unvermittelt Werner Heisenberg:

„Glaubst du eigentlich an einen persönlichen Gott? Ich weiß natürlich, dass es schwer ist, einer solchen Frage einen klaren Sinn zu geben, aber die Richtung der Frage ist doch wohl erkennbar."

„Darf ich die Frage auch anders formulieren?", erwiderte Heisenberg. „Dann würde sie lauten: Kannst du oder kann man der zentralen Ordnung der Dinge oder des Geschehens, an der ja nicht zu zweifeln ist, so unmittelbar gegenübertreten, mit ihr so unmittelbar in Verbindung treten, wie dies bei der Seele eines anderen Menschen möglich ist? Ich verwende hier ausdrücklich das … Wort „Seele", um nicht missverstanden zu werden. Wenn du so fragst, würde ich mit Ja antworten". … „Du meinst also, dass dir die zentrale Ordnung mit der gleichen Intensität gegenwärtig sein kann wie die Seele eines anderen Menschen?" „Vielleicht." „Warum hast du hier das Wort „Seele" gebraucht und nicht einfach vom anderen Menschen gesprochen"? „Weil das Wort „Seele" eben hier die zentrale Ordnung, die Mitte, bezeichnet bei einem Wesen, das in seinen äußeren Erscheinungsformen sehr mannigfaltig und unübersichtlich sein mag".[137]

Ein bekannter Ausspruch von Heisenberg lautet: „Der erste Trunk aus dem Becher der Naturwissenschaft macht atheistisch, aber auf dem Grunde des Bechers wartet Gott".[138]

137 Dürr, Hans-Peter., a.a.O. S. 320

138 Markus, S.M., a.a.O. S. 358

James Jeans

Ähnliche Überlegungen finden wir bei dem Astrophysiker und Mathematiker **Sir James Jeans** (1877-1946): Er ist einer der bedeutendsten Physiker des letzten Jahrhunderts. Er war Mitglied angesehenster naturwissenschaftlicher Gesellschaften und Institute.

James Jeans versuchte, in die „Geheimnisse der Welt" einzudringen. Wie auch Einstein und Planck untermauerte er sein wissenschaftliches Weltbild durch philosophische Überlegungen. Vor allem die Ergebnisse der modernen Physik hatten es ihm angetan. Wie viele seiner Kollegen stellte er sich die Frage: Wie passen Geist und Materie zusammen? Woher kommt der Geist? Ist er Produkt einer materiellen Entwicklung? Oder ist er mehr? Wenn am Anfang des Universums nicht die Materie steht – so ist es ja –, dann kann der Geist auch nicht aus ihr entstanden sein.

Das bedeutet: In allem, was uns begegnet, offenbart sich jener Geist, der am Anfang da war. Für Jeans ist alles „Schöpfung und Offenbarung des Geistes".

Pascual Jordan

Pascual Jordan wurde 1902 in Hannover geboren, 1929-1944 war er Professor für theoretische Physik in Rostock, 1944/45 in Berlin, seit 1947 in Hamburg. 1957-1961 war er Mitglied des Bundestages. Jordan war maßgebend am Aufbau der Quantenmechanik beteiligt. Mit Born und Heisenberg formulierte er 1925 die wesentlichen Grundlagen der Matrizenmechanik. Spätere Arbeiten galten u.a. der Quantenelektrodynamik, der projektiven Relativitätstheorie und Kosmologie sowie der Quantenbiologie.

Pascual Jordan vertrat als junger Mensch die Meinung, durch die moderne Physik werde der Glaube wieder möglich. Im Alter war er sogar davon überzeugt, dass die Wissenschaft den Glauben an Gott und ans Jenseits bestätige.[139]

---

139 Oth, R.: *Gott auf dem Prüfstand*. Scherz Verlag, Bern und München, 1982, S. 271.

Johannes Kepler

Johannes Kepler [140] war Mathematiker, Physiker und evangelischer Theologe. Er studierte in Tübingen evangelische Theologie. Ab 1594 war er Mathematiklehrer in Graz. 1600 siedelte er nach Prag über, wurde T. Brahes Nachfolger als Astronom Rudolfs II. Außer auf dem Gebiet der Astronomie – bekannt sind die drei Kepler´schen Gesetze – leistete Kepler Bahnbrechendes in der Optik. Hier befasste er sich mit der Ausbreitung des Lichtes und dem Sehvorgang. Ergebnis war u.a. das astronomische oder Kepler´sche Fernrohr.

Auch Kepler beschäftigten die von Jordan erwähnten Überlegungen: „Der Tag ist nahe, wo man die reine Wahrheit im Buch der Natur wie in der Heiligen Schrift erkennen und sich über die Harmonie beider Offenbarungen freuen wird.“[141]

Isaac Newton

Isaac Newton[142]war englischer Mathematiker, Physiker und Astronom. Schon als Student entwickelte er bahnbrechende theoretische Ansätze über die Natur des Lichtes, über die Gravitation und die Planetenbewegung. Er gilt als der Begründer der klassischen theoretischen Physik und Relativitätstheorie, modifiziert damit (neben G. Galilei) die exakten Naturwissenschaften überhaupt. Sein Hauptwerk: „Philosophiae naturalis principia mathematica“. In ihm formuliert er die Axiome der Mechanik. Die von ihm geschaffene Grundlage der Mechanik wurde erst zu Beginn des 20. Jahrhunderts durch die Einstein ‘sche Relativitätstheorie modifiziert.

Newton bekennt: „Die bewundernswürdige Einrichtung der Sonne, der Planeten und Kometen hat nur aus dem Tatschluss und der Herrschaft eines alles einsehenden und allmächtigen Wesens hervorgehen können… Dieses unendliche Wesen beherrscht alles, nicht als Weltseele, sondern als Herr aller Dinge.

140 1571-1630

141 Oth, R. a.a.O. S. 294.

142 1643-1727

Wegen dieser Herrschaft pflegt unser Gott Pantokrator, d.h. der Herr über alles, genannt zu werden". Aus diesem Herrschaftsverhältnis folgert Newton, dass Gott kein Prinzip ist, sondern Person: „Die Herrschaft eines geistigen Wesens ist es, was GOTT ausmacht; sie ist wahr im wahren Gott … Es folgt hieraus, dass der wahre Gott ein lebendiger, einsichtiger und mächtiger Gott ist, dass er über dem Weltall erhaben und durchaus vollkommen ist. Er ist ewig und unendlich, allmächtig und allwissend. Er regiert alles, er erkennt alles, was ist oder was sein kann". Deshalb verwirft Newton auch die Gleichsetzung Gottes mit dem Schicksal oder einer mechanischen Notwendigkeit, wie sie von den Materialisten angenommen wird:

„… Gott ohne Vorsehung, ohne Herrschaft und ohne Endursachen ist nichts anderes als das Fatum und die Natur. Die blinde metaphysische Notwendigkeit kann keine Veränderung der Dinge hervorbringen, … die Verschiedenheit aller Dinge kann nur von dem Willen und der Weisheit eines notwendig existierenden Wesens herrühren". Hier benützt Newton ein besonders eindrucksvolles Argument. Ohne Gott wäre die Natur in der Tat keiner echten Vielfalt fähig, also auch keiner echten Veränderung und Entwicklung. Sie wäre nur eine einzige sich selbst genügende Wesenheit. … Nur durch die grundsätzliche Personalität Gottes und die von ihm dem Menschen verliehene Einzigkeit können wir dem einzelnen Menschen einen unaufhebbaren Wert zuschreiben."[143]

Max Planck

Max Planck[144] war einer der bedeutendsten Physiker des 19./20. Jahrhunderts, der insbesondere auch durch seine Gesinnung und sein geradliniges und unbeirrbares Handeln eine hervorragende Stellung unter den deutschen Physikern einnahm. Als Begründer der Quantentheorie zählt er zu den Mitbegründern der modernen Physik. Bei seinen Arbeiten auf dem Gebiet der Wärmestrahlung stieß er auf eine neue, später nach ihm als Planck´sches Wirkungsquantum benannte Naturkonstante. 1918 erhielt Planck den Nobelpreis für Physik.

---

143 Markus, S.M. a.a.O. 147f.

144 1858-1947

Max Planck setzt sich mit der Frage auseinander: Kann ein wissenschaftlich interessierter Mensch zugleich auch ein religiöser Mensch sein?

Seine Antwort:

Es gibt Elementarteilchen wie Elektronen, Positronen, Protonen, Neutronen … und wie sie alle heißen. Sie alle gehören zu den Bausteinen, aus denen alles im Universum aufgebaut ist. Alles! All diese Bausteine haben eine ganz bestimmte Masse und eine ganz bestimmte Ladung. Beides lässt sich durch eine winzig kleine Zahl ausdrücken.

Diese kleinen Zahlen, die so genannten universellen Konstanten, sind gewissermaßen die unveränderlich vorgegebenen Bausteine. Eine dieser Konstanten, die er selbst gefunden hat, erhielt seinen Namen: Planck´sches Wirkungsquantum.

Wir müssen uns fragen, so sagt Max Planck: Wo liegt die eigentliche Bedeutung dieser Konstanten? Sind sie eine Erfindungen des menschlichen Geistes? Oder besitzen sie einen realen, von uns Menschen unabhängigen Sinn?

Seine Antwort: Die universellen Konstanten sind nicht vom Menschen erfunden worden. Sie sind die Voraussetzung für die Existenz der Welt – auch für unsere eigene Existenz.

Die physikalischen Erkenntnisse führen zu der Annahme, dass es eine von uns unabhängige Welt gibt. Eine Welt, die wir allerdings niemals direkt erkennen können, sondern immer nur durch die Brille naturwissenschaftlicher Erkenntnisse.

Für Max Planck bedeutet das: Wie erbärmlich klein, wie ohnmächtig müssen wir Menschen uns vorkommen, wenn wir bedenken, dass die Erde, auf der wir leben, in dem schier unermesslichen Weltall nur ein minimales Stäubchen, geradezu ein Nichts bedeutet! Dann: Wie seltsam muss es uns andererseits erscheinen, dass wir, winzige Geschöpfe auf einem beliebigen winzigen Planeten, imstande sind, mit unseren Gedanken zwar nicht das Wesen, aber doch das Vorhandensein und die Größe der elementaren Bausteine der ganzen großen Welt genau zu erkennen.

Der Mensch versucht, diese Weltordnung zu erkennen. Was wir aber nun als das allergrößte Wunder ansehen müssen, ist die Tatsache, dass die sachgemäßeste Formulierung dieses (jedes) Gesetzes bei jedem Unbefangenen den Eindruck erweckt, als ob die Natur von einem vernünftigen, zweckbewussten Willen regiert würde. Kann also ein wissenschaftlich interessierter Mensch zugleich ein religiöser Mensch sein? Seine Antwort: Ja, er kann es!

In einem weiteren Vortrag setzt sich Max Planck mit der Spannung zwischen Religion und Naturwissenschaft auseinander. Für ihn gibt es keine Gegensätze.

Nichts hindert uns daran, die Weltordnung der Naturwissenschaft und den Gott der Religion(en) miteinander zu identifizieren. Für den religiösen Menschen ist Gott unmittelbar und primär gegeben. Gott steht für die Religion am Anfang, für die Naturwissenschaft am Ende ihres Denkens.

Religion und Naturwissenschaft schließen sich nicht aus, wie manche heutzutage glauben oder fürchten, sondern sie ergänzen und bedingen einander. [145]

Rupert Sheldrake

Rupert Sheldrake gilt als Vordenker der neuen Wissenschaft. 1967 promovierte er in Biochemie an der Cambridge University, wo er danach auch lehrte. Als Research Fellow der Royal Society führte er Forschungsarbeiten im Bereich der Entwicklung von Pflanzen und der Alterung von Zellen durch. In den Jahren 1974 bis 1978 arbeitete er als leitender Pflanzenphysiologe am International Corps Research Institute in Hyderabad, Indien. Bekannt geworden ist er durch seine Bücher: „Das schöpferische Universum“[146], „Das Gedächtnis der Natur“[147] und die „Wiedergeburt der Natur“.“[148]

---

145 Dürr, Hans-Peter: *Physik und Transzendenz.* Scherz Verlag, Bern/München/Wien, 1995, S. 21ff.

146 Sheldrake, R.: *Der schöpferische Universum*, Ullstein Verlag, München, 1985.

147 Sheldrake R.: *Das Gedächtnis der Natur.* Ullstein Verlag, München, 1990.

148 Sheldrake R.: *Wiedergeburt der Natur.*Ullstein Verlag, München, 1991.

In dem Interview mit einem Mitarbeiter der Zeitschrift „Psychologie heute"[149] bekannte Sheldrake: Gott ist die treibende Kraft des gesamten evolutiven Prozesses. „Die alte Auffassung von Gott als einem „Uhrmacher" stammt aus dem 17. Jahrhundert: Gott schuf die Welt, und dann „lief" sie mehr oder weniger gut alleine weiter. Gott überließ das perpetuum mobile sich selbst.

Heute wissen wir, dass sich das Universum in einer unablässigen Evolution befindet, es ist kein „Uhrwerk", nichts Konstantes. Deshalb ist das alte Bild eines tranzendenten, „jenseitigen" Gottes auch überholt. Wenn Gott der Schöpfer-Gott ist, dann muss er der Natur inhärent sein, dann ist er die treibende, kreative Kraft. … Gott ist immanent, aber er besitzt auch einen transzendenten Aspekt, indem er – unter anderem – ein einigendes Ziel darstellt. Diese Sichtweise bevorzuge ich selbst".

In seinem Buch „Das Gedächtnis der Natur" stellt Sheldrake die Frage: „Gibt es einen Anfang?" Er antwortet: „Doch wie auch immer wir die Übereinstimmung und Unterschiede zwischen der alten Idee der Weltseele und der neuen Idee des Welt-Feldes interpretieren mögen, unweigerlich stoßen wir auf die Frage nach ihrem Ursprung und der Quelle dessen, was in ihnen geschieht. Selbst wenn wir ewige und transzendente Ideen oder Gesetze als die allem zugrunde liegende Wirklichkeit erachten, bleibt die Frage, woher solche Gesetze kommen und wie aus solchen transzendenten, nicht-materiellen Entitäten die materielle Wirklichkeit des Universums hervorgegangen sein soll. Und weshalb sollten wir in einem evolutionären Universum – überhaupt annehmen, dass die Gesetze im vorhinein festgelegt wurden?

Natürlich können wir den Ursprung des Universums und das Wirken des Schöpferischen in ihm einfach als ein ewiges Mysterium betrachten und uns damit zufrieden geben. Fragen wir aber weiter, so geraten wir auf das Terrain uralten Denktraditionen, in denen der schöpferische Urgrund die verschiedensten Namen trägt: das Eine, Brahman, die Leere, das Tao, die ewige Vereinigung von Shiva und Shakti, die Heilige Dreieinigkeit. In all diesen Traditionen

149 Psychologie heute, Mai 1992, S. 35.

erreichen wir früher oder später die Grenzen des begrifflichen Denkens und das Gewahrsein dieser Grenzen. Nun Glaube, Liebe, mystische Einsicht, Kontemplation, Erleuchtung oder göttliche Gnade geben uns die Möglichkeit, diese Grenzen zu überschreiten".[150]

James S. Trefil

Trefil war Professor für Physik an der Universität von Virginia und ist Verfasser von Lehrbüchern für Physik und zahlreicher Arbeiten für Fachzeitschriften.

In seinem Buch „Im Augenblick der Schöpfung"[151] schreibt Trefil: „Wenn ich mich mit meinen Freunden darüber unterhalte, dass die Grenzen der Forschung unnachgiebig und beharrlich bis zum Augenblick der Schöpfung vorgeschoben werden, fragen sie mich oft, welche Folgen diese neue Physik für die Religion hat. Dass es solche Folgen gibt, ist offensichtlich – besonders, wenn darüber spekuliert wird, wie das Weltall überhaupt dazu kam, zu entstehen. Physiker fühlen sich bei solchen Fragen im Allgemeinen sehr unbehaglich, weil sie nicht mit den in ihrer Wissenschaft üblichen Methoden beantwortet werden können. Ich gebe hier meine eigene, ganz persönliche Ansicht wieder und bin mir dessen bewusst, dass andere Wissenschaftler sie möglicherweise nicht teilen.

Wir Menschen finden oft Unbehagen, wenn wir über den implizit in der neuen Physik enthaltenen wissenschaftlichen Fortschritt nachdenken. Dieses Unbehagen entstammt, wie mir scheint, der Vorstellung, die Naturwissenschaft greife in ein Gebiet ein, das die Religion für sich beansprucht, wenn sie mit ihren Methoden die Erschaffung der Welt erforscht. Ich stelle mir vor, dass unsere Ahnen im neunzehnten Jahrhundert so empfanden, als Darwin das Kind endlich beim Namen nannte und die Gesetze der Evolutionsbiologie auf den Menschen anwandte. In der Rückschau erkennen wir jedoch, wie wenig die Tatsache, dass menschliche Wesen sich aus niedrigeren Formen des Lebens entwickelten, den wesentlichen Zügen religiösen Glaubens schadet. Für das

---

150 Sheldrake, R.: *Das Gedächtnis der Natur.* Ullstein Verlag, München, 1992, S. 390.

151 Trefil, J.S.: *Im Augenblick der Schöpfung.* Birkhäuser Verlag, Basel, 1984, S. 265 -267.

Christentum … ist die Evolution schlicht ohne Belang, Wenn die Geheimnisse des Augenblicks der Schöpfung erst verstanden sind, werden unsere Nachfahren, so vermute ich, dazu etwa dieselbe Einstellung haben wie wir zur Evolution. Diese Erwartung gründet sich auf das Wesen wissenschaftlichen Denkens. Wie weit wir auch in ein wissenschaftliches Problem eindringen, finden wir doch immer wieder etwas, das noch nicht erklärt und definiert ist.

Unser neues Denken von den Gesetzen, die das Wesen der Elementarteilchen bestimmen, könnte uns erlauben – so scheint es heute – die Grenzen bis zur Erschaffung der Welt selbst hinauszuschieben. Dies ändert nichts an der Tatsache, dass es eine Grenze gibt. Es lenkt nur unsere Aufmerksamkeit von der stofflichen Form des Weltalls auf die Gesetze, die sein Verhalten bestimmen. Ich kann einen Philosophen des einundzwanzigsten Jahrhunderts sagen hören: „Gut, wir stimmen darin überein, dass das Weltall wegen der Naturgesetze existiert. Aber wer schuf diese Gesetze?"

Ich fühle mich viel wohler mit der Vorstellung von einem Gott, der die physikalischen Gesetze erschuf, die die Existenz unseres großartigen Weltalls zur Folge haben, als mit der Vorstellung des altmodischen Gottes, der mühsam ein Stück nach dem andern formen musste."

Heinrich Vogt

Vogt[152] studierte 1911 bis 1919 Astronomie, Mathematik und Physik in Heidelberg. Seit 1933 war er ordentlicher Professor und Direktor der Sternwarte in Heidelberg. Seine Hauptaufgabengebiete sind theoretische Astrophysik, Kosmogonie und Kosmologie. In der Astrophysik ist ein Theorem nach ihm benannt. – Vogt war Mitglied der Deutschen Akademie der Wissenschaften zu Halle und der Heidelberger Akademie der Wissenschaften. Aufgrund seiner astrophysikalischen und kosmogonischen Arbeit genoss Vogt Weltruf.

---

152 1890-1968

Vogt schrieb über die Stellung des Menschen in der Welt: „Im Hinblick auf die gigantischen Ausmaße … ist der Mensch auf der kleinen Erde, die selbst nur ein mikroskopisches Stäubchen im Universum ist, etwas, was vollständig in der Weite des Weltenraumes verschwindet, ein Nichts im All, wenigstens materiell gesehen. Aber er ist ja nicht nur eine materielle Substanz. Er ist gleichzeitig ein Brennpunkt geistiger Energie. Der Mensch vermag kraft seines Geistes, kraft seiner Intelligenz … das materielle Universum bis in seine größten Tiefen hinein zu erfassen, die Welt vom Atom bis zu den großen Sternensystemen zu erforschen, die in ihr geltenden Gesetze abzuleiten und diese Gesetze weitgehend zu erklären. … Auch geht es ihm dabei letzten Endes nicht um Atome, nicht um ein Weltall glühender Gaskugeln, sondern um das hohe Geheimnis, das dahinter steht, um den letzten Sinn, der das ganze Sein durchwaltet. Vollständig dieses letzte Mysterium zu entschleiern, wird ihm jedoch wohl nie möglich sein, und zwar … erst recht nicht mit den Methoden der Naturwissenschaft, denen sich alles entzieht, was jenseits unserer Raum-Zeit-Ordnung ist. Der Mensch wird immer tiefer und tiefer eindringen in die Geheimnisse des Universums, aber es wird für ihn immer allerletzte Grenzen geben, Grenzen für sein Anschauungsvermögen, Grenzen für sein verstandesmäßiges Erkennen, über die hinaus er forschend nicht weiter vorstoßen kann. Je mehr er vordringt, umso deutlicher zeigen sich ihm diese Grenzen. Gleichzeitig wird dabei in ihm die Gewissheit immer mehr gefestigt, dass die Existenz der Welt sich nicht aus ihrer Beschaffenheit heraus begründen lässt, dass die Welt nicht etwa ein Produkt der Materie sein kann, sondern dass es außer der Welt der Materie, der Welt der Atome und der Sterne, noch etwas anderes geben muss, dass es einen überweltlichen Urgrund geben muss, aus dem heraus die Welt und auch der Menschengeist ist, einen Urgrund, der in einem nur durch sich selbst bedingten absoluten Sein zu suchen ist, dass es einen Geist geben muss, der über Materie, Raum und Zeit und jede Seinsstufe transzendiert, einen Geist, der unendlich hoch über dem menschlichen Geist steht, einen Geist göttlicher Natur, der alles, was da ist, erschaffen hat und dies alles erhält und auch jetzt noch in seinem Sinne lenkt“.[153]

153 Vogt, H.: *Das astronomische Weltbild der Gegenwart.* Morus Verlag, Berlin, 1955, S. 102.

Zusammenfassung

Das sind einige Antworten von Naturwissenschaftlern auf die Frage nach dem Anfang. Warum es keine eindeutige Antwort geben kann, hat *George V. Coyne,* der Direktor der Sternwarte des Vatikans in Castelgandolfo, so begründet:

„Unsere Form der Forschung ist die Erfahrung einer Realität – einer äußeren, nicht einer inneren –, die uns Bescheidenheit lehrt. Je mehr wir über das Universum wissen, desto deutlicher erkennen wir, wie wenig wir wissen. Es gibt etwas, das wir niemals vollkommen begreifen werden: nicht so sehr seine Größe, als vielmehr seine inneren Geheimnisse“.[154]

154 Bild der Wissenschaft, Hamburg 4/1995, S. 69.

Das Reden im Christentum über Gott, den niemand kennt.

Einleitung

Weihnachten 2004 hat die Tsunami-Katastrophe über 200 000 Menschen das Leben gekostet. Viele Hunderttausend wurden obdachlos und verloren Hab und Gut.

Von zwei Gemeinden wird berichtet: Die eine Gemeinde machte an diesem Tag ganz spontan eine Prozession zu einer höher gelegenen Kapelle. Alle Teilnehmer wurden gerettet. Die andere Gemeinde hatte einen Gottesdienst in einer Kirche am Strand. Der Pfarrer predigte an diesem Feiertag etwas länger als sonst, so dass die Gemeindemitglieder später als gewöhnlich die Kirche verlassen konnten. Aufgrund dieser Verspätung wurden alle von den Wasserfluten erfasst und ertranken. Die Kirche konnte jedoch den Wassermassen standhalten.

Im Januar 2010 verloren auf Haiti über 300 000 Menschen durch ein Erdbeben ihr Leben. Unzählige verloren Hab und Gut.

Solche Situationen stellen die Frage nach Gott. In einer theologischen Zeitschrift fand ich dazu die Überlegungen: „Die Gottesfrage ist in Bewegung geraten. Die Tsunami-Flutwelle hat einen Gott weggeschwemmt, der in die Geschicke der Welt zum Wohl der Menschen eingreift. *Was hat Gott mit dieser Welt zu tun? Was hat Gott mit dem Menschen zu tun? Das sind die entscheidenden Fragen, die heute völlig neu gestellt werden müssen.* Für ihre Beantwortung spielt eine wesentliche Rolle, wie „Gott“ jeweils zum Menschen und zum Kosmos in Beziehung gesetzt werden kann.[155] Wie wichtig diese Frage ist, zeigen die unzähligen Katastrophen, die sich in diesem Jahr 2010 ereignet haben.

---

155 Nach Publik Forum Nr. 10, 2005, S. 28f.

Rudolf Stadelmann, ein Atomphysiker und Theologe, schreibt in seinem Buch „Im Herzen der Materie“: „Ein Gottesglaube … ist nur glaubwürdig, wenn er im Rahmen eines aktuellen Weltbildes begründet oder doch zumindest plausibel gemacht werden kann.“ [156]

Wie kann Gott heute zum Menschen und zum Kosmos in Beziehung gesetzt werden? Gibt es überhaupt eine Beziehung zwischen Gott und den Menschen – zwischen Gott und dem Kosmos? Wir suchen ein zeitgemäßes Gottesbild.

George Coyne, der Chefastronom des Papstes, Leiter der vatikanischen Sternwarte, Astrophysiker und Jesuit, ist der Überzeugung: „Wenn wir die Ergebnisse der modernen Wissenschaft ernst nehmen, fällt es schwer zu glauben, dass Gott allmächtig und allwissend ist im Sinne der scholastischen Philosophen. Die Wissenschaft erzählt uns von einem Gott, der sehr anders sein muss als der Gott, den mittelalterliche Philosophen und Theologen sahen… Sofern sie die Ergebnisse der modernen Wissenschaft respektieren, müssen Gläubige Abstand von der Vorstellung eines diktatorischen Gottes nehmen, eines Newton´schen Gottes, der das Universum als Uhrwerk erschaffen hat, das regelmäßig weitertickt…Theologen haben den Begriff von Gottes fortwährender Schöpfung geprägt. Ich glaube, es wäre eine bereichernde Erfahrung für Theologen und Gläubige, die moderne Wissenschaft unter diesem Begriff der fortwährenden Schöpfung näher zu erkunden, Gott arbeitet mit dem Universum.“[157]

Wie die Quantenphysik zeigt, können wir über Gott keine wissenschaftlichen, sachlichen Aussagen machen. Wir können ihm auch keine menschlichen, anthropomorphen Eigenschaften zuschreiben. „Dieses Missverständnis haben sich Theologie und kirchliche Verkündigung selbst zuzuschreiben, weil in theologischen Abhandlungen, in kirchlichen Verlautbarungen, im Religionsunterricht und im Gottesdienst offensichtlich nicht deutlich wird, dass die Rede von Gott unter unvermeidlichem Vorbehalt steht. Natürlich müssen wir von Gott sprechen“, sagte Karl Rahner in seinem berühmten letzten Vortrag: „Aber bei

156 Koltermann, R. a.a.O. S. 36.

157 Christ in der Gegenwart, Das besondere Thema: *Das Herz des Universums – Einstein und die Frage nach Gott.* Freiburg, 2005, S. 5.

diesem Reden vergessen wir dann meistens, dass eine solche Zusage immer nur dann einigermaßen legitim von Gott ausgesagt werden kann, wenn wir sie gleichzeitig auch immer wieder zurücknehmen, die unheimliche Schwebe zwischen Ja und Nein als den wahren und einzigen festen Punkt unseres Erkennens aushalten und so unsere Aussagen immer auch hineinfallen lassen in die schweigende Unbegreiflichkeit Gottes selbst."[158]

Wir müssen daran denken, wenn wir uns nun fragen: *Wie haben die Menschen vor uns im Alten und Neuen Testament das für* *<u>sie</u>* *zeitgemäße Gottesbild gefunden?* Denn ihr Gottesbild ist auch heute noch unser Gottesbild – wenigstens offiziell. – Wie haben sie ihr Gottesbild gefunden? Wo sind die Wurzeln unseres christlichen Gottesbildes zu finden?

158 Rahner, Karl: *Von der Unbegreiflichkeit Gottes.* 3.Auflage, Herder Verlag, Freiburg, 2005, S. 27.

Die Wurzeln des christlichen Glaubens

- liegen im **Menschenbild** der damaligen Zeit;
- in der **Religion** und Kultur der Nachbarvölker;
- im **Weltbild** der damaligen Zeit.

Das christliche Gottesbild wurde beeinflusst von Menschenbildern.

In Amerika gilt eine alte Volksweisheit: *„Wenn Pferde Götter hätten, würden sie wie Pferde aussehen.“* Oder: Wenn Pferde über Götter – oder Gott – nachdenken könnten, wie wir Menschen es tun, dann würden sie Eigenschaften von Pferden haben. Dieser Vergleich zeigt ganz plastisch: Kein Geschöpf kann sich etwas vorstellen, das über seinen Horizont hinausgeht. Keine Kreatur kann sich ein Bild von dem machen, was die eigene Existenz überschreitet.

Das gilt ganz selbstverständlich auch für uns Menschen. Wenn wir von Gott oder über Gott reden wollen, müssen wir unsere Grenzen sehen. Selbst die Heilige Schrift als Quelle unseres Glaubens unterliegt diesen Grenzen. Auch sie kann uns grundsätzlich nicht mitteilen, wie Gott wirklich ist.

Beispiele

Wir sagen: „Gott ist allmächtig!“

Warum? Der Mensch hat Macht, er ist tüchtig, er kann schaffen. Aber Gott ist allmächtig. Diese Eigenschaft, die wir Gott zuschreiben, macht uns heute große Probleme, wie es die Tsunami-Katastrophe und das Erdbeben auf Haiti und in Chile gezeigt haben. Indem wir Gott allmächtig nennen, ordnen wir ihm die Kraft zu, alles Übel zu heilen, jedes Unglück zu verhindern und die

Naturgesetze außer Kraft zu setzen. Doch Übel und Unheil bleiben ein Teil unseres Lebens. Wir wissen das und fragen trotzdem: Will Gott seine Macht nicht gebrauchen? Wenn er seine Macht nicht gebrauchen ***will***, dann wäre er bösartig. Dann fühlt er nicht mit. Dann hat seine Macht doch Grenzen. Aber was heißt das: Gott ist allmächtig? Nach Naturkatastrophen liest man immer wieder in der Zeitung: „Wo war Gott?“ Hat er etwa auf Orkane, Erdbeben, Tsunamis, Hochwasser und Dürre keinen Einfluss?

Ein volkstümlicher amerikanischer Fernsehevangelist erzählte, wie er Kraft seines Gebetes einen Orkan umgeleitet hat. Sonst hätte der Orkan seiner Fernsehstation bedrohlich werden können. So berichtet er in einer seiner Sendungen. Doch was haben wohl die Menschen gedacht und empfunden, die nun von dem Orkan erfasst wurden? Was haben sie über die Wirksamkeit eines Gebetes gedacht, das dem einen hilft und dem andern schadet? Es wäre besser gewesen, wenn er durch sein Gebet den Orkan unschädlich gemacht hätte. Aber das konnte er nicht. Die Naturgesetze, die Gott selbst geschaffen hat, kann er nicht einmal gelten lassen und das andere Mal aufheben! Das ist unser Problem. Unser Problem, das so zu sehen.

Gott ist männlich.

Gott galt fast allgemein als männlich und mächtiger Krieger, der die Kriegsführung als eine edle und sogar göttliche Unternehmung verstand. Der biblische Begriff „Herr Gott Zebaoth“ bedeutet „Gott der militärischen Mächte.“ Dieser Gott hatte eine tiefe, stammesgebundene Identität; er war eindeutig projüdisch. So empfanden es jedenfalls die Juden:

- Gott hatte die Juden mit großer Gewalt aus der Sklaverei in Ägypten befreit.

- Gott führte die plündernden Israeliten bei ihrer Eroberung des Landes Kanaan.

- Gott hat sein Volk in seinem ständigen Kampf gegen die Philister unterstützt. Man kann sich leicht vorstellen, dass ein solches Gottesbild unter den Juden äußerst populär war.

Aber was denkt man über Gott, wenn man zufällig ein Ägypter, ein Kanaanäer oder Philister ist? Ein Gott der Liebe für alle war diese Gottheit nicht. Im christlichen Glauben finden wir ähnliche Beispiele:

- Im Jahre 312 kämpfte Konstantin gegen Maxentius an der Milvischen Brücke. Es ging um die alleinige Macht im römischen Reich. Gott stand – so sagte man – auf Seiten des Konstantin. Es wird erzählt, Gott habe in der Nacht vor jener Schlacht das Zeichen des Kreuzes an den Himmel gesetzt mit den Worten: „In diesem Zeichen wirst du siegen." Dieses Zeichen war dazu bestimmt, Konstantin zu versichern, dass er der Auserwählte Gottes sei. …

- 1588 wurde die spanische Armada auf ihrem Weg nach England auf See durch einen Sturm vernichtet. Die Spanier waren katholisch, die Engländer protestantisch. Weite Kreise der Engländer verstanden dies so, als habe die englische, protestantische Gottheit der spanischen, katholischen Gottheit eine Niederlage zugefügt. Gott hatte einen Sturm vom Himmel geschickt, um die Spanier zu vernichten. Für die Engländer bedeutete das: Sie waren eine von Gott auserwählte Nation.

Weitere Beispiele: Wir sagen:

- Menschliches Leben ist sterblich. Gott ist nicht sterblich. Er ist ***unsterblich.***

- Menschliches Leben ist endlich, Gottes Leben ist nicht endlich. Es ist ***unendlich.***

- Das menschliche Leben ist in seiner Macht eingeschränkt. Gott ist nicht eingeschränkt. Er ist ***allmächtig***.

- Menschliches Wissen ist begrenzt. Gott ist ***allwissend.***

- Menschliches Leben ist an einen bestimmten Raum und an unveränderbare Naturgesetze gebunden. Für Gott gilt das nicht. Er ist ***allgegenwärtig und übernatürlich.***

Bischof Spong fasst all das so zusammen:

„Gott ist ein in den Himmel versetzter Mensch ohne menschliche Grenzen.“[159]
John Shelby Spong ist Anglikaner und war über 20 Jahre Bischof von Newark, New Jersey, USA (bis 2000). Im Anschluss an seine Tätigkeit als Bischof lehrte er an der Harvard-Universität. Er gehört zu den bekanntesten Theologen Nordamerikas und ist ein ebenso erfolgreicher wie umstrittener Autor.

Das christliche Gottesbild ist beeinflusst von der Religion und Kultur der Nachbarvölker.

In seinem Buch „Notwendige Abschiede“ berichtet Klaus Peter Jörns von folgenden Beispielen aus dem altägyptischen Denken, das Eingang in unsern Glauben gefunden haben könnte:

- Die ägyptischen Triaden (wie Osiris-Isis-Horus) könnten das Trinitätskonzept der christlichen Gotteslehre beeinflusst haben.

- Die Rolle des Pharao als Gottessohn und Vermittler zwischen Gott und Menschen könnte sich auf die Lehre vom Gottessohn Jesus Christus ausgewirkt haben – neben den alten jüdischen Wurzeln.

---

159 Die Beispiele stammen aus: Spong, John Shelby: *Was sich im Christentum ändern muss – Ein Bischof nimmt Stellung.* Patmos Verlag, Düsseldorf, 2004.

- Die Göttinnen Isis und Hathor könnten in der Marienlehre Eingang gefunden haben. Sie könnten die Grundlagen zu einer Marienfrömmigkeit sein.

- Die Fahrt des Gottes RE mit der Sonnenbarke in die Sphäre der Nacht und des Todes, um die Mächte der Finsternis zu besiegen und den neuen Tag heraufzuführen, finden im Hinabsteigen Christi in das Reich des Todes am Karsamstag eine Parallele.

- Der Mythos und Kult des Osiris, der unschuldig getötet wird und wieder aufersteht, ja, zum Gott der Auferstehung wird, erinnert an die Erzählungen von Jesu Tod und Auferstehung.

- Die Vorstellung vom Weltenrichter könnte mit dem wiederkommenden Christus eine Neubelebung erfahren haben. [160]

Diese Gedanken werden nicht einfach übernommen. Nein, sie werden umgestaltet, um die neue Botschaft durch die Anknüpfung an den alten Glauben besser vermitteln zu können. Dasselbe gilt auch für Mythen und Kultsagen aus ägyptischen Göttererzählungen. „Ohne diesen und andere Verschmelzungsprozesse hätte die Jesus-Christus-Geschichte niemals in der ganzen Mittelmeerwelt Fuß fassen können.“ [161] Das schreibt Klaus Peter Jörns.

160 Nach Klaus Peter Jörns, *Notwendige Abschiede – Auf dem Weg zu einem glaubwürdigen Christentum.* Gütersloher Verlagshaus, 2003, S. 164f.

161 Jörns, Klaus Peter: *Notwendige Abschiede – Auf dem Weg zu einem glaubwürdigen Christentum.* Gütersloher Verlagshaus, Gütersloh, 2003; S. 164f.

Das christliche Gottesbild ist beeinflusst vom Weltbild der damaligen Zeit.

Wir stehen vor der grundsätzlichen Frage: Kann ein Weltbild überhaupt zu einem Gottesbild führen?

Wir haben bereits gesehen: Naturwissenschaft als solche kann es nicht. Gott kann niemals Objekt der Naturwissenschaften sein. Obwohl ein Weltbild nicht zu einem Gottesbild führen kann, hat der christliche Glaube Weltbild und Gottesbild miteinander verknüpft.
Einige Beispiele dazu: Wir singen in den Gottesdiensten:

- Auf Erden hier unten, im Himmel dort oben: den gütigen Vater wollen wir loben. [162]
- Herr, ob den Himmeln thronst du hoch und siehest doch die Tiefgebeugten[163]
- Wir glauben Gott im höchsten Thron[164]
- Ehre sei Gott in der Höhe (Gloria)[165]

In diesen Texten finden wir ein Gottesbild, das viele Jahrtausende – bis in unsere Zeit – seine Gültigkeit hatte, uns heute aber fremd geworden ist. Warum? Weil ihm ein Weltbild zugrunde liegt, mit dem wir heute mit bestem Willen nichts mehr anfangen können.

---

162 Gotteslob Nr. 259: Erfreue Dich Himmel … (1697)

163 Gotteslob Nr. 264: (1543)

164 Gotteslob Nr. 276 (1937)

165 Gotteslob Nr. 406:

Wie sah dieses Weltbild aus?[166]

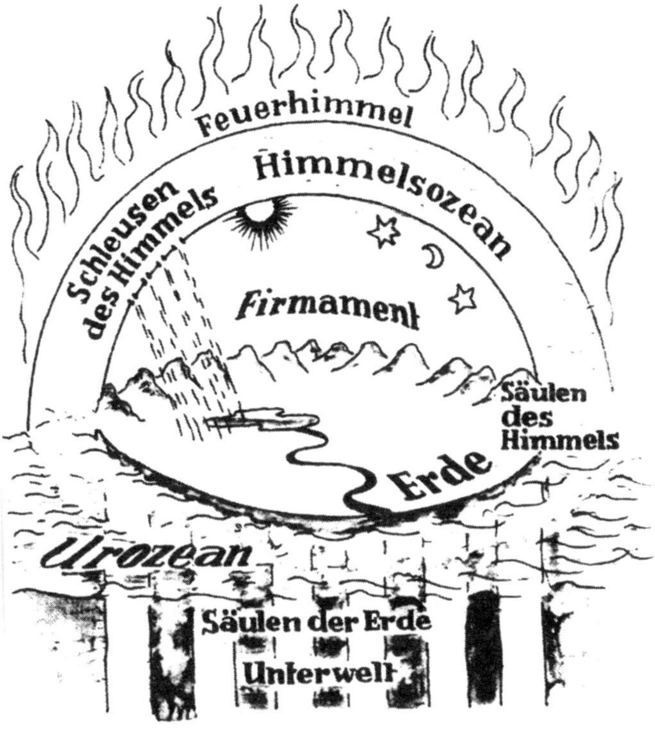

Die Erde ist eine Art Scheibe inmitten von Wassern. Sie wird von Säulen gehalten. Über der Erde erhebt sich der Himmel, der meist als festes Gewölbe gedacht wird; denn er muss ja die oberen Wasser daran hindern, die Erde zu überschwemmen. Wenn Gott die Schleusen des Himmels öffnet, regnet es. Am Himmelsgewölbe sind die Gestirne befestigt. Über allem thront Gott.

Von seinem himmlischen Thron aus sieht er und beobachtet er alles – jeden Menschen: „Pass auf, der liebe Gott sieht dich!"

166 Ohlig, Karl Heinz: *Die Welt ist Gottes Schöpfung.* Grünewald Verlag, Mainz, 1984, S. 89.

Im alten Weltbild ist unsere Erde Mittelpunkt des Universums. Sonne, Mond und Gestirne bewegen sich um sie herum. Und der Mensch? Er sieht sich als Zentrum dieser Welt; er steht in einer besonderen Beziehung zu Gott als sein Ebenbild und Partner. Da Gott aber jenseits und hinter seiner Schöpfung steht, also rein transzendent vorgestellt wird, besteht ein absoluter, nicht überbrückbarer Unterschied zwischen Gott und seiner Schöpfung, zwischen Gott und Mensch. Naturereignisse und menschliches Schicksal werden als von Gott geschickt hingenommen.

Dieses Gottes- und Menschenbild ist für die damalige Zeit durchaus verständlich. Ihr Wissen über die Welt gründete sich auf die unmittelbare Anschauung und auf Beobachtungen. Sie sahen die hohen Berge, das Wasser, den Sternenhimmel; sie beobachteten, wie sich Sonne und Mond um die Erde bewegten.

An diesem mit dem überholten Weltbild verknüpften Gottesbild hielt und hält die Kirche fest. So ist das Dogma von Nizäa (325) in diesem Weltbild definiert worden. Im Glaubensbekenntnis beten wir:

„Wir glauben an den einen Herrn, Jesus Christus…
wesensgleich mit dem Vater,
der um unseret willen und zu unserer Erlösung
herabgekommen ist aus den Himmeln …
(der gekreuzigt und begraben wurde) und am 3. Tage auferstand
gemäß den Schriften…und hinaufgefahren ist in den Himmel…"

Hier sind Weltbild und Dogma eng miteinander verknüpft. Das ist ein Problem, auf das Hoimar von Ditfurth in seinem Buch „Wir sind nicht nur von dieser Welt"[167] aufmerksam macht. Er fragt:

„Zweifelt jemand daran, dass das Unbehagen, das hier zum Ausdruck kommt, seine Ursachen nicht zuletzt auch in der mangelhaften Bereitschaft der Kirche hat, sich von einem objektiv längst überholten mittelalterlichen

167 Ditfurth, Hoimar von: *Wir sind nicht nur von dieser Welt*. Hoffmann und Campe Verlag, Hamburg 1981, S. 139.

Weltbild zu lösen? Wer, und sei es aus noch so großer Pietät, darauf beharrt, seine Botschaft in eine Sprache zu kleiden, die einer längst untergegangenen Welt angehört, darf sich nicht wundern, wenn der Verdacht aufkommt, auch der Inhalt der Botschaft selbst könnte von gestern sein."

Trotz aller Kritik müssen wir für jene Menschen Verständnis haben, die ein Gottesbild hatten, für das wir heute kein Verständnis mehr finden können. „Ehre sei Gott in der Höhe!" Wo anders sollte Gott für die Menschen früher sein als oberhalb der Erde, die ihre „Welt" war? Das ist verständlich, wenn man bedenkt, was die Menschen damals noch nicht gewusst haben:

- Sie wussten nicht, dass ihre Erde nur ein kleiner Teil des Universums ist. Dass sie noch nicht einmal im Zentrum des Universums steht, ja nicht einmal im Zentrum der Milchstraße.

- Sie wussten nicht, dass die Erde mit dem Sonnensystem zu einem Universum gehört, das aus 100 Milliarden Galaxien mit je 150 Milliarden Sternen besteht. – Wo soll da Gott wohnen?

- Sie wussten nicht, dass Leben mit seiner Vielfalt von Formen letztlich aus lebloser Materie entstanden ist. Es ist noch nicht lange her, da wurde in der Theologie die These vertreten: Aus lebloser Materie kann niemals Leben entstehen. Heute sehen wir das anders. Bereits in der leblosen Materie ist eine ungeheure kreative Energie vorhanden, die die Voraussetzung schaffte, dass Leben entstehen konnte.

- Die Menschen haben schließlich nicht gewusst, dass sich in einem langen Prozess Leben und Geist entfaltet haben – bis hin zu uns Menschen. Wo hat bei all diesen Überlegungen „Gott da oben" noch einen Platz?

Ich fasse zusammen:

„Die Vorstellung von einem Gott, der als ein persönliches, allmächtiges Wesen über der Welt und der Menschheit thront und sie von droben und draußen nach vorgesehenem Plan regiert, Gutes und Böses schickt, dabei auch in den Lauf der Welt und in das Leben des einzelnen eingreift, besitzt keine Glaubenskraft mehr."[168]

Es ist aber zu wenig, wenn wir die Verknüpfung des alten Weltbildes mit dem Gottesbild kritisieren und ablehnen – ohne ein neues zeitgemäßes Gottesbild gefunden zu haben. Es muss ein Gottesbild sein, das mit dem modernen Weltbild nicht im Widerspruch steht. Wie könnte das aussehen?

168 Zahrnt, Heinz: *Gotteswende*. Piper Verlag, München, 1989, S. 84.

Ein Gottesbild – inspiriert von naturwissenschaftlichen Einsichten

Gott ist in allem. – Panentheismus[169]

Wenn wir das moderne Weltbild philosophisch hinterfragen (vgl. Kapitel 2), können wir – wie Max Planck – davon überzeugt sein, dass die Materie nicht das „eigentlich Wahre“ ist, sondern der Geist. Warum? Materie ist aus Energie entstanden. Wenn man bedenkt, wie sich die Materie in 13,7 Milliarden Jahren entwickelt hat – bis hin zu geistbegabten Lebensformen –, dann kann dieser Prozess nicht ohne geistige Informationen stattgefunden haben. Dann liegt der Gedanke nahe: „Das, was am Anfang war, hat Gestalt angenommen in all dem, was geworden ist.“[170] Oder „Evolution ist die Ausgestaltung von immer dem Einen, das am Anfang war.“[171] Stadelmann spricht in diesem Zusammenhang von der „Anpassung an den göttlichen Geist“. Und: Alles nimmt Teil an diesem Geist, der am Anfang war – aber in verschiedenen Graden.[172]

Gerald Hüther, Professor für Neurobiologie, fragt in seinem Buch „Evolution der Liebe“: Was hält die lebendige Welt, was den einzelnen, ein Paar oder eine Gruppe letztlich zusammen? Seine Antwort: die Liebe! [173]

Das moderne Weltbild wird also durch die Begriffe „Geist“, „Leben“, „Liebe“ beschrieben. Doch, was ist Geist? Was ist Leben? Was ist Liebe?

---

169 Ausführliche Informationen in Kapitel 2

170 Hans-Peter Dürr anlässlich eines Fernsehinterviews

171 Hans-Peter Dürr anlässlich eines Fernsehinterviews

172 Hans Jonas

173 Hüther, Gerald: *Evolution der Liebe.* Verlag Vandenhoeck & Ruprecht, 2007.

Was ist Geist? Der bekannte Physiker **Eddington** wurde einmal in einem Vortrag unterbrochen und gefragt: „Was ist eigentlich Geist?" Er wiederholte die Frage und antwortete ganz spontan: „Ach, was Geist ist, weiß doch jeder. Wir machen weiter." Richtig ist die Antwort: Was Geist ist, können wir nicht sagen. Wohl aber, dass es ihn geben muss – und wie er sich auswirkt.

Was ist Leben? Hier gelten die gleichen Überlegungen. Was Leben ist, können wir nicht sagen, wohl aber, wie es sich auswirkt. Woran man es erkennen kann. Wir können sagen: Wir nehmen teil am Leben – wie wir auch teilnehmen am Geist, an geistigen Prozessen.

Willigis Jäger schreibt: „„„Leben" ist ein geeigneter Begriff, um die Wirklichkeit, die wir „Gott" nennen, zu kennzeichnen. Denn auch das Leben entzieht sich unserm Zugriff. Wir wissen weder, woher es kommt, noch, wohin es geht. Leben ist überall und nirgendwo. Es zeigt sich in jedem einzelnen Lebewesen, aber es ist immer auch **mehr** als ein Lebewesen. … Das Leben geht nie in einem bestimmten Lebewesen auf."[174]

Schließlich die Frage „Was ist Liebe?" Auch hier gelten dieselben Überlegungen: Wir können es ahnen, wissen es aber letztlich nicht.

Nun sagt Hans-Peter Dürr (ähnlich Rudolf Stadelmann): All das muss der Potentialität nach – der Möglichkeit nach – von Anfang an existiert haben. Im ganzen Evolutionsprozess kann nichts entstehen, das der Möglichkeit nach nicht schon da war. ***Es muss also mit dem Anfang zu tun haben***. Wenn wir nun noch die Grundgedanken der (Quanten-) Physik hinzunehmen, liegt der Gedanke nahe: In allem ist Gott!

Was das bedeutet, erklärt der indische Dichter und Philosoph Rabindranath Tagore (gest. 1941):

---

174 Jäger, Willigis: *Die Welle ist das Meer.* Herder Verlag, Freiburg, 2008, S. 83.

Gott schläft in den Steinen,
er atmet in Pflanzen und Tieren,
er denkt im Menschen.

Wir sprechen von einem **Pan-en-theismus.** Dazu schreibt Jörg Zink: „Gerne erkläre ich…, was ich mit all dem über das Verhältnis Gottes zu seiner Welt meine. Immer wieder höre ich, dies sei „Pantheismus“ und also mit dem christlichen Glauben nicht zu vereinbaren. Aber weiß denn, wer so urteilt, wovon er spricht? Sage ich „Gott ist der Stein“, oder „Der Stein ist Gott“, so spräche ich „pantheistisch“. Es wäre dann kein Unterschied zwischen dem Ding und Gott. Sage ich aber: Gott ist im Stein oder: Der Stein ist in Gott, dann drücke ich damit aus, was der Glaubenssatz von der „Allgegenwart“ Gottes ausgesagt hat. Ich kann dann im Gegensatz zum Pantheismus von Pan-en-theismus sprechen. … Wer nicht sagen will, Gott sei im Acker oder der Acker sei in Gott, der muss mir erklären, wo denn Gott oder wo der Acker sonst seien.“[175]

Das alte Weltbild legte den Gedanken nahe: Oberhalb der Welt ist die Welt Gottes. Dort thront Gott. Die Erde ist der Bereich des Menschen, in den Gott von Zeit zu Zeit – bei besonderen Anlässen – auch eingreift. Diese Aufteilung gilt nicht mehr. Neue naturwissenschaftliche Erkenntnisse, philosophisch hinterfragt, zeigen: Wenn Gott in allem gegenwärtig ist, dann gibt es nur noch eine ungeteilte Welt. Und diese Welt hat mit Gott zu tun.

Mit anderen Worten: „Gott ist nicht dort, wo über uns der Himmel ist, sondern der Himmel ist überall dort, wo mitten unter uns Gott ist.“[176] Das moderne naturwissenschaftliche Weltbild hat die Erfahrbarkeit Gottes neu ermöglicht, neu bestimmt: Gott ist überall in seiner Schöpfung. Gott lebt und wirkt in seiner Schöpfung. Er durchdringt sie mit seinem Leben und belebt sie mit seiner Liebe. Ist das wirklich etwas Neues für unsern christlichen Glauben?

Nein! Die Areopagrede des heiligen Paulus bestätigt diese Meinung: Um das Jahr 50 n. Chr. trifft Paulus (der Wortführer der jungen Christengemeinden)

---

175 Zink, Jörg: *„Dornen können Rosen tragen“*, Kreuz Verlag, Stuttgart,1997.

176 Heinz Zahrnt

in Athen ein. Die griechische Metropole ist voller Götterbilder. Paulus ist enttäuscht darüber. Er hatte von Athen etwas anderes erwartet. Athen war eine Stadt mit einer philosophisch aufklärenden Tradition. Sokrates, Platon und Aristoteles hatten hier gewirkt. Und diese Stadt ist für Paulus zurückgefallen in die finstere Zeit der Göttermythen.

Auf dem Areopag, dem Tagungsort des obersten Gerichtshofs der Stadt kommt Paulus mit Philosophen und den Athener Bürgern ins Gespräch. Bei all ihrer Verehrung der ihnen bekannten Götter haben sie die Suche nach dem unbekannten Gott nicht aufgegeben. Ja, sie haben ihm einen Altar gebaut mit der Inschrift „Dem unbekannten Gott", um ihn so in die Reihe der bekannten Götter einzuordnen.

Paulus: „Was ihr nun, ohne es zu kennen, verehrt, das verkündige ich euch! Den Gott, der die Welt erschaffen hat und alles, was darin ist; den Gott, der als Geist nicht in mit Händen gemachten Tempeln wohnt; den Gott, der allem Leben und Atem gibt."[177]

Dann ging Paulus in seiner Formulierung so weit, dass es ihnen als reinen Pantheismus vorkommen musste – muss: „Denn in ihm leben, wirken und sind wir, wie auch einige von euern Dichtern gesagt haben. Seines Geschlechts sind wir ja auch!"

Dieses Gottesbild entspricht auch den Erfahrungen unserer Mystiker. Im europäischen Kulturraum entspricht dies, religionsgeschichtlich betrachtet, der antiken Philosophie Platons, Plotins, des Pythagoras und des Sokrates. Es ist die Philosophie des Augustinus, Nikolaus von Kues, Spinoza, Meister Eckhart und Bonaventura und stellt im Osten die philosophische Grundlage all der mystischen Wege dar… [178]

---

177 Apg 17,16

178 Esser, Wolfgang: *Philosophische Gottsuche.* Kösel Verlag, München, 2002, S. 50f.

Zu den christlichen Mystikern gehören unter anderen Jakob Böhme, Angelus Silesius und Teilhard de Chardin, um nur ein paar wenige zu nennen:

Jakob Böhme: „Mach nur die Augen auf und du wirst sehen: Die Welt ist von Gott erfüllt!"

Angelus Silesius: „Halt an! Wo läufst du hin? Der Himmel ist in dir. Suchst du Gott anderswo, du fehlst ihn für und für!"

Teilhard de Chardin schreibt als fast 70jähriger: „Ich war sicher nicht mehr als 6 oder 7 Jahre alt, als ich mich bereits von der Materie angezogen fühlte – oder genauer, durch irgendetwas, das im Herzen der Materie leuchtete." So betete er als Junge unter dem Bild eines Schraubenkopfes Gott an, immer auf der Suche nach dem Unvergänglichen. Er fand es zunächst im Eisen, später in der mit evolutiver Kraft ausgestatteten, immer in Veränderung befindlichen Materie. In der Evolution zeigte die Materie etwas von ihrer göttlichen Dynamik. „Evolution" ist für Teilhard das weltliche, profane Wort für Schöpfung.

Weitere Gedanken von Teilhard:
„Alle Materie ist von nun an inkarniert, mein Gott, durch deine Inkarnation... Ich berühre Ihn sogar, diesen Gott, durch die ganze Oberfläche und die ganze Tiefe der Welt, der Materie, in die ich hineingenommen bin..."

„„Materie" ist der Leib des ganzen Kosmos, dessen Bestimmung es ist, im Laufe der Evolution immer mehr von Gott „beseelt" zu werden... bis Gott und Schöpfung eins geworden sind."

Dieser Gedanke der Immanenz Gottes wurde in der christlichen Theologie – im kirchlichen Lehramt und folglich in der Verkündigung zugunsten des **transzendenten Gottes** zurückgedrängt.

Unser Glaube ist dadurch verarmt. Wolfgang Esser schreibt dazu in seinem Buch „Philosophische Gottsuche": „In weiten Bereichen von Theologie und Kirche ist der von Paulus verkündete „unbekannte Gott" allzu bekannt geworden, dingfest gemacht und eingezwängt in Dogmen und Lehrsätze, Moral und Recht, Institutionen und Ämter, Sakramente und Riten, Altäre und geweihte Gebäude. Können die Menschen ihn als die alles umfassende Wirklichkeit hier „suchen, ob sie ihn aufspüren und finden"? „Wo er doch wahrhaftig nicht weit weg ist von jedem von uns! Denn in ihm leben wir doch, handeln wir und sind wir – wir, die wir göttlicher Herkunft und Art" sind. Es geht heute darum, „die Tore jener umgrenzten Räume zu öffnen, in denen man das Göttliche fest verschlossen halten wollte."" [179]

Der Gedanke der Immanenz Gottes ist auch in anderen Religionen bekannt – wie zum Beispiel im Hinduismus, der von „Inkarnationen" Gottes spricht:

Vom wasserbewohnenden Fisch über die amphibische Schildkröte führt der Weg über den im feuchten Morast wühlenden Eber zu Zwischenformen von Mensch und Tier bis hin zum Menschen und schließlich zum „göttlichen" Menschen. Eine ständige „Inkarnation" des Göttlichen spielt in der indischen Frömmigkeit eine große Rolle. Die Entfaltung des Kosmos ist eine stufenweise Manifestation des Göttlichen.

Der Hinduismus ist polytheistisch – er hat viele Götter und Göttinnen. Das wird oft als primitiver Aberglaube missverstanden und gilt als minderwertig im Vergleich zu monotheistischen Religionen. Aber alle polytheistischen Religionen glauben ebenfalls an einen höchsten Gott. Die Hindus nennen ihn gewöhnlich Brahman. ***Diese übergeordnete*** Gottheit ist unbeschreiblich, unpersönlich und abstrakt. Sie manifestiert sich in einer Vielzahl von Göttern und Göttinnen, die jeweils verschiedene göttliche Eigenschaften verkörpern. Diese Gottheiten sind wie verschiedene Gesichter der einen gesichtslosen, unpersönlichen göttlichen Macht, damit sich die Menschen in einer persönlicheren Weise auf ihn/sie/es beziehen können und so die Möglichkeit haben, sich an einem Aspekt Gottes zu orientieren, der ihren jeweiligen Bedürfnissen und ihrem jeweiligen Wesen am besten entspricht.

---

179 Esser, Wolfgang,. a.a.O. S.15.

Ein ausländischer Tourist fragte einmal einen indischen Reiseführer: „Warum habt ihr Hindus so lächerliche Statuen von Göttern und Göttinnen, mit so vielen Gesichtern?“ Der Reiseführer antwortete: „Wir Hindus glauben, dass jeder Mensch ein Gesicht Gottes darstellt. Ich bedaure nur, dass wir bei unsern Statuen lediglich so wenige Gesichter zeigen können.“

Jeder Mensch ein Gesicht Gottes! Ähnliches lesen wir auch im Alten Testament. Dort heißt es: „Lasset uns den Menschen machen nach unserm Bild und Gleichnis!“[180] Wie haben das die Menschen damals verstanden? „Wenn der Großkönig, zum Beispiel der des neuassyrischen Reiches, nach der Eroberung einer neuen Provinz oder nach der Niederschlagung einer Rebellion in einem entfernten Teil seines Reiches einen neuen Vasallenkönig einsetzt, dann stellt er in dessen Palast sein eigenes Bild auf.“[181] Das Bild eines Herrschers war für einen altorientalischen Menschen nicht nur das Bild, das an den fernen Herrscher lediglich erinnert. Für ihn ist der Herrscher im Bild real gegenwärtig. Wenn nun der Mensch nach dem Bilde Gottes geschaffen wurde, dann bedeutet das: Gott ist im Menschen real gegenwärtig. – Ein Gedanke, der sich auch aus dem modernen Weltbild ergibt!

Zum Nachdenken

In Indien begrüßen sich die Menschen
mit „Namasté“,
d.h., das Göttliche in mir grüßt das Göttliche in dir!
Dabei verneigt man sich vor dem andern
als der Person einer „Inkarnation des Göttlichen“.

---

180 Gen 1,26

181 Mosis, Rudolf. *Weltverständnis – Weltverhalten, Alttestamentliche Schöpfungstexte und naturwissenschaftlich-technische Welt.* in engagement 4/1985, S. 303.

Gott ist keine Person, wie wir Menschen Personen sind – aber er begegnet „höchstpersönlich".

Das moderne Weltbild – von dem wir ja ausgegangen sind – lässt vermuten: Gott ist keine Person in dem Sinne, wie wir eine Person sind. Aber es sagt: Wir erkennen in der Evolution, wie sich Geist, Leben und Liebe weiter entfalten. Wenn das Eigenschaften Gottes sind, kann er nicht unpersönlich sein. In der Evolution kann ja nichts entstehen, das nicht schon der Möglichkeit nach von vorneherein da gewesen ist. Wenn die Evolution den Menschen als „Person" hervorgebracht hat, dann kann der „Urgrund" des Ganzen nicht „unpersönlich" sein. Heinz Zahrnt meint dazu: „Gott ist nicht eine Person – aber er begegnet höchstpersönlich." Heinz Zahrnt bekennt: „Mein Glaube an Gott hat … eine dialogisch-personale Struktur."

Das entspricht den Aussagen des Alten Testamentes. Das Alte Testament ist eine Begegnungs-Geschichte zwischen Gott und Mensch. „Auch wenn Gott nicht als Person gesehen wird, so stellt sich der Personenbegriff von selbst ein. Aber das Entscheidende ist nicht die vorgängige Vorstellung von Gott als einer Person, sondern die persönliche Erfahrung Gottes als eines Gegenübers: Gott ist nicht eine Person, auch nicht die höchste unter allen anderen – aber er begegnet „höchstpersönlich" …"[182]

Mit dieser Frage setzt sich auch Hans Küng in seinem Buch „Was ich glaube" auseinander. Er schreibt: „Um es gleich deutlich zu sagen: Ich weiß nicht, wie Gott aussieht, ich will und kann mir auch kein Bild von ihm machen. „Gott" ist anders, sprengt all unsere Vorstellungen. Für mich ist nicht die Frage entscheidend, ob Gott personal oder nichtpersonal verstanden werden soll, sondern ob er angeredet werden kann oder nicht. Warum? Weil daran schließlich die Möglichkeit und Sinnhaftigkeit sowohl des Gebetes wie auch des Gottesdienstes hängt."[183]

---

182 Zahrnt, Heinz: *Mutmaßungen über Gott*. Piper Verlag. München, 1994.
183 Küng, Hans: *Was ich glaube*. Piper Verlag, München/Zürich, 2009, S. 170f.

Ein Blick in die Bibel – ins Alte Testament – kann das verdeutlichen: Die Juden hatten kein Bild von Gott. „Du sollst dir von mir kein Bild machen!", sagt Jahwe. Trotzdem ist das Alte Testament eine Begegnungsgeschichte zwischen Gott und Mensch. Gott fragt den Menschen und der Mensch antwortet. Der Mensch fragt und Gott antwortet. Der Mensch hadert mit Gott wie Hiob. Er flucht, wie es die Fluchpsalmen zeigen. In der Bibel steht nicht im Vordergrund die Vorstellung von Gott als Person, sondern die persönliche Erfahrung mit ihm als eines Gegenübers.

Auch unser Gebet muss höchstpersönlich sein.

Vor einiger Zeit erhielt ich einen Brief von einer Dame, die an der Seniorenakademie an der Universität in Ulm teilgenommen hatte. Sie schreibt: „Es hat mir sehr gut gefallen, was Sie über das neue Weltbild und im Zusammenhang damit auch über das Gottesbild gesagt haben. Aber es bleiben noch Fragen offen: Wie gelingt es Ihnen, zu einem Gott zu beten, wenn Sie sagen „Gott ist in jedem Geschöpf"? Ja, kann man zu solch einem Gott überhaupt beten?"

Die Bedenken sind berechtigt. Es ist sehr schwer, sich von alten, lieb gewonnenen Vorstellungen über Gott zu trennen. Wenn wir Gott Vater nennen, weiß aber jeder, dass er nicht Vater ist, wie wir uns einen Vater vorstellen. Da geht es uns nicht anders als den Menschen im Alten Testament, die das gleiche Problem hatten wie wir und die Frage nach Gott stellten.

So wird berichtet, wie Moses von Jahwe den Auftrag bekommt, das Volk Israel aus Ägypten herauszuführen. Es war eine innere Erfahrung, die Moses gemacht hat, von der hier berichtet wird. Moses in einem Gespräch mit Gott: „Gut, ich werde also zu den Israeliten kommen und ihnen sagen: Der Gott Eurer Väter hat mich zu euch gesandt. Da werden sie mich fragen: Wie heißt er? Was soll ich ihnen darauf sagen?" Da antwortet Gott dem Moses: „Ich bin da"....[184]

---

184 Ex, 3,13

Im Gegensatz zum Christentum durften die Juden kein Bild von Gott machen. „Du sollst dir kein Bild von mir machen!“ Nun sagt Jahwe zu Moses: „Ich werde der sein, der mit euch ist!“ Solch ein Gedanke ist mit unserm modernen Weltbild vereinbar. Dass man mit diesem Gottesbild leben und – was wohl noch wichtiger ist – sterben kann, haben unter anderem Alfred Delp und Dietrich Bonhöffer vorgelebt:

Alfred Delp wurde am 16.9.1907 geboren. Er war Jesuit, wurde Ende Juli 1944 verhaftet und vom Volksgerichtshof zum Tode verurteilt und später am 2. Februar 1945 hingerichtet. Sein Leitspruch war: „Wohin du auch gehst, ich bin bei Dir!“ Das war die Erfahrung, die er in seinem Leben und selbst im KZ mit Gott gemacht hat. Dasselbe gilt für

Dietrich Bonhöffer. Er schrieb 1944 im Gefängnis ein Lied, das immer wieder bei Gottesdiensten gesungen wird: „Von ***guten Mächten*** wunderbar geborgen, erwarten wir getrost, was kommen mag. Gott ist mit uns am Abend und am Morgen und ganz gewiss an jedem neuen Tag.“ – Von guten Mächten…

So oder ähnlich sah es auch **Max Planck**, der familiär ein schweres Schicksal zu tragen hatte. Anlässlich seines 150. Geburtstages berichteten Radio und Fernsehen öfters über ihn. In einer Sendung wurde sein Privatleben vorgestellt: Max Planck hatte aus seiner 1. Ehe vier Kinder: 2 Töchter und 2 Söhne. Seine Frau starb 1909 nach 22 Ehejahren. Sein Sohn Karl fällt 1916 im 1. Weltkrieg. Wenig später sterben auch seine Zwillingstöchter Emma und Grete im Wochenbett. Ein weiterer schwerer Schlag: Sein Sohn Erwin wird 1945 im Zusammenhang mit dem Attentat auf Hitler zum Tode verurteilt. In einem Gnadengesuch an Himmler und Hitler schreibt Planck: „Als Dank des Deutschen Volkes für meine Lebensarbeit, die ein unvergänglicher geistiger Besitz Deutschlands geworden ist, erbitte ich das Leben meines Sohnes.“ Doch die Bitte des Nobelpreisträgers von 1919 und des ehemaligen Präsidenten der Kaiser-Wilhelm-Gesellschaft bleiben unerhört.

In einem Interview wurde Max Planck gefragt: „Wie werden Sie mit solch einer Situation fertig? Sie haben die ganze Familie verloren.“ Seine Antwort:

„Ich fühle mich trotz all dem getragen und geborgen von Gott, der hinter allem steht.“ „Ich habe zu Ende gedacht und wurde gläubig“, hat er einmal in einem Interview gesagt. Woran hat Max Planck geglaubt? Was ist das für ein Gott, von dem er sich getragen und geborgen weiß?

Wenn er weitergedacht hat, dann muss sein Gottesbild mit seinen neuen physikalischen Erkenntnissen und dem modernen Weltbild zu tun haben:

Ausgangspunkt des Universums ist nicht die Materie, sondern Energie und Information – ***Geist also.*** Von dieser göttlichen Dimension fühlt sich Max Planck getragen – und das trotz seiner schmerzhaften Erfahrung, die er durch den Tod seiner ganzen Familie gemacht hat.

Wir sind von der Frage ausgegangen. Wie kann ich zu diesem Gott beten? Für Alfred Delp, Dietrich Bonhöffer und Max Planck heißt beten: ***sich der Gegenwart Gottes stellen.***

Wie kann ich heute noch zu Gott beten? Was kann ich von Gott erwarten? Ein paar Beispiele sollen zeigen, wie man ***„beten“ falsch verstehen*** kann und wie richtig:

- Der verheiratete anglikanische Bischof Spong berichtet: Seine Frau hatte Krebs. Es spricht sich herum, es steht auch in der Presse. Menschen schließen sich in Gebetsgruppen zusammen, um für seine Frau zu beten. Nach kurzer Zeit tritt eine Besserung ein – für kurze Zeit. Die Reaktion: Das Gebet hat geholfen. Gott hat sie gesund gemacht. Allerdings nur für kurze Zeit.

- Spong fragt: War das eine Gebetserhöhung, ein Wunder? Er will es nicht so sehen. „Vielleicht sind wir Menschen viel stärker miteinander verbunden, als wir je dachten. Vielleicht fließen die positiven Gedanken und die Energie des Mitgefühls durch Verbindungen, die sie weiter tragen, die wir nicht verstehen, und wirken sich auf das Leben des andern aus.“[185] Das Bewusstsein: Ich stehe nicht allein da, andere denken und beten für mich.

185 Spong a. a. O. S. 171.

Dieses Bewusstsein kann Selbstheilungskräfte im Menschen aktivieren. Ist das (nicht auch) ein Wunder?

- Spong versucht dieses Problem weiter zuzuspitzen: Nehmen wir einmal an: Die Frau eines städtischen Müllarbeiters in Newark … erhält die gleiche Diagnose. Weil er nun keine bekannte Persönlichkeit ist, wird die Krankheit seiner Frau nie öffentlich beachtet. Da er vielleicht auch kein religiöser Mensch ist, gibt es keine Gebetsgruppe, die für seine Frau betet. Würde das den Verlauf ihrer Krankheit beeinflussen?

  Nun meint Spong: Wenn das so wäre, müssten wir annehmen: Gott sieht auf das Ansehen einer Person und auf ihren weltlichen sozialen Status. Er achtet darauf, ob jemand betet oder nicht. Das kann ja wohl nicht sein.

- Was Beten ***„richtig verstanden“*** heißen kann, erzählte **Bischof Moser**: Eine gelähmte Frau fuhr mit einem Krankentransport nach Lourdes in der Hoffnung, dass sie in Lourdes geheilt würde. Bischof Moser begleitete diese Krankenwallfahrt. Auf der Rückfahrt traf er wieder auf diese Frau. Sie war nicht geheilt worden. Moser versuchte sie zu trösten. Da sagt sie: „Was wollen Sie? Es ist ein Wunder geschehen. Ich bin zwar nicht geheilt worden. Aber ich kann meine Krankheit nun annehmen!“ Was war geschehen? Diese Frau hat meditiert, über sich selbst und ihre Krankheit nachgedacht. Nachgedacht und gefragt auch, was wohl der Wille Gottes sei. Es war nicht ihr Wille. Aber sie hat Gottes Willen akzeptiert.

Nach diesen Beispielen nun ein Blick in die Bibel. Was antwortet sie auf die Frage: Wie sollen wir beten?

In der Bergpredigt sagt Jesus: „Wenn ihr betet, sollt ihr kein unnützes Geschwätz machen wie die Heiden; denn sie meinen, dass sie um ihrer vielen Worte willen Erhörung finden werden. Seid ihnen nun nicht gleich; denn euer Vater weiß, was ihr braucht, ehe ihr ihn bittet.“[186] Das Gebet soll nach Jesu

186 Mt. 6,7.8

Worten nicht aus vielen Worten bestehen, die den Sinn haben, Gott umzustimmen. Gott weiß, was wir brauchen.

Warum sollen wir dann überhaupt beten? Eine gute Antwort fand ich bei Rupert Lay. Er sagt: ***„Beten ist die Vergewisserung der Anwesenheit des Göttlichen, das alles durchdringt".*** Ich werde mir beim Gebet bewusst: Gott ist gegenwärtig in seiner ganzen Schöpfung – auch in mir. Er hat – wie wir gesehen haben – mit Geist, mit Leben und Liebe zu tun. Das hilft mir auch dann auf ihn zu vertrauen, wenn ich Probleme habe – ganz gleich, welcher Art sie sind.

Ein Gebet darf nicht magisch missverstanden werden, wie es die Beispiele vorhin zeigten. Ein Gebet setzt Gott nicht in Bewegung, sondern den Beter selbst. Gebet heißt deshalb nicht reden, sondern vor allem hinhören. Die „Antwort", die einem beim „Hören" in der Stille zufallen kann, besteht vielleicht aus einer veränderten Sicht der Dinge, aus einer Einsicht, die mir Gott schenkt. Das Bittgebet verändert nicht Gott, sondern den Bittenden.

Gebet bedeutet für Bischof Spong: „Wir treten mit der Quelle des Lebens in Verbindung."

Von Jesus wissen wir, dass er öfters in die Wüste ging, um zu beten, um zu meditieren, um sich wieder bewusst zu werden, dass er mit dem Vater in innigster Verbindung steht. Daraus hat er Kraft geschöpft für sein Leben und seine Sendung. Auch für sein Sterben!

Zum Nachdenken: Ein Lied von Huub Oosterhuis[187]

Herr, unser Herr, wie bist du zugegen
und wie unsagbar nah bei uns.
Allzeit bist du um uns in Sorge,
in der Liebe birgst du uns.
Du bist nicht fern, denn die zu dir beten
wissen, dass du uns nicht verlässt.
Du bist so menschlich in unserer Mitte,
dass du wohl dieses Lied verstehst.

Du bist nicht sichtbar für unsere Augen
und niemand hat dich je gesehen.
Wir aber ahnen dich und glauben,
dass du uns trägst, dass wir besteh´n.

Du bist in allem ganz tief verborgen,
was lebt und sich entfalten kann.
Doch in den Menschen willst du wohnen
mit ganzer Kraft uns zugetan.

Herr, unser Herr, wie bist du zugegen,
wo nur auf Erden Menschen sind.
Bleib gnädig so um uns in Sorge,
bis wir in dir vollkommen sind.

---

187 Lied aus dem Gotteslob, 1965, Nr. 298.

Der unbekannte Gott offenbart sich in „exemplarischen Menschen“. (Karl Jaspers)

Das neue Gottesbild verlangt nach einem neuen zeitgemäßen Christusbild.

Ein Rückblick: Das christliche Gottesbild ist beeinflusst vom Menschenbild und Weltbild der damaligen Zeit. Inzwischen hat sich das Weltbild so sehr geändert, dass wir die Frage nach Gott neu stellen müssen: In dem neuen Weltbild ist die Ursache allen Seins geistiger Natur[188]. Geistige Informationen sind der fundamentale Baustein des Universums. Manche Naturwissenschaftler scheuen sich nicht, aufgrund ihrer Erkenntnisse, die sie philosophisch hinterfragen, den schöpferischen Geist „Gott“ zu nennen. „Dieser Gott wäre in allem, ist alles und erschafft alles.“[189] Ähnlich formuliert es auch Paulus in seiner Areopagrede: „Gott, der Herr über Himmel und Erde, wohnt nicht in Tempeln, die von Menschenhand gemacht sind. Er lässt sich auch nicht von Menschen bedienen, als brauche er etwas: Er, der allen das Leben, den Atem und alles gibt… Denn in ihm leben wir, bewegen wir uns und sind wir, wie auch einige von euern Dichtern gesagt haben: Wir sind von seiner Art!“[190] Paulus hatte natürlich von der Quantenphysik keine Ahnung, die solche Überlegungen nahelegt. Vielleicht war es eine innere mystische Erfahrung, die ihm diese Gedanken eingab.

Es ist verständlich und konsequent, dass dieses Gottesbild nach einem neuen, zeitgemäßen Christusbild verlangt. Wie könnte dieses Christusbild aussehen? **Doch, zunächst einige hinführende Gedanken**.

---

188 s. Kapitel 2 und 6.32

189 Becker, V.J.: *Gottes geheime Gedanken*. Books of Demand, Norderstedt, 2006, S. 207.

190 Apg 17, 24-29

Der historische Jesus und sein neuer Humanismus: heilen, was unheil ist – erlösen, was unerlöst ist

Es ist kaum möglich, eine Biographie Jesu zu schreiben. Aufgrund geschichtswissenschaftlicher Methoden lässt sich höchstens ein ungefähres Bild vom Wirken Jesu gewinnen.

Jesus selbst hat keinen einzigen Text hinterlassen. Auch seine Weggefährten haben das, was ihnen wichtig erschien, nur weitererzählt. Brauchbare biographische Informationen finden sich erst bei drei Evangelisten des Neuen Testaments: Markus, Matthäus und Lukas.

Die meisten Wissenschaftler sind sich darüber einig, dass Markus kurz vor dem Jahr 70 aus mündlich überlieferten Berichten seine „Frohe Botschaft“, das Evangelium, niederschrieb. Matthäus und Lukas haben unabhängig voneinander aus dem Markus-Evangelium und weiterem Material dann zwischen dem Jahr 75 und 100 ihre Werke verfasst. Diese drei eng miteinander verwandten synoptischen Evangelien liefern mehr Informationen als das um das Jahr 100 – wohl unabhängig von ihnen – verfasste Johannes-Evangelium.

Jesus wurde vermutlich in der Endzeit des Herodes kurz vor dem Jahr 4 v.Chr. geboren. Sein Vater war Bauhandwerker oder Zimmermann. Jesus hat wohl – wie es üblich war – denselben Beruf ausgeübt, bis er sich etwa um das Jahr 28 der Tauf- und Bußbewegung des Johannes anschloss. Sicherlich hat sich das Leben Jesu seit dieser Zeit radikal verändert. Doch trotz seiner hohen ethischen Forderungen hatte Jesus eine sensible, menschenfreundliche Haltung. Er sorgte sich um jene Menschen, die im sozialen und gesellschaftlichen Abseits standen: die Armen und Kranken.

Mit der unerschütterlichen Gewissheit eines Propheten sagte Jesus: Das Reich Gottes ist nahe. Wo Menschen von ihren Nöten und Krankheiten geheilt werden, wo Geächtete und Außenseiter wieder Kontakte und Zuwendung finden, wo Traurige, Leidende und Arme wieder neue Hoffnung schöpfen können, da ist Gott schon hier und jetzt am Werk. Jesus hatte nicht die Absicht, bloß auf ein Jenseits zu vertrösten, er wollte Mut machen für das Diesseits.[191]

Zu den Reichen sagt Jesus: „Es ist leichter, dass ein Kamel durch ein Nadelöhr geht als dass ein Reicher ins Reich Gottes kommt!“ Mit der Missachtung des Reichtums provoziert Jesus die Eliten seiner Zeit: die Großgrundbesitzer, die Priester und Adeligen.

Nicht weniger tolerant verhält er sich mit den Ritualen des Judentums: „Der Sabbat ist um des Menschen willen gemacht und nicht der Mensch um des Sabbats willen!“ Ehebruch ist zumindest für die Frau ein Verbrechen, das mit dem Tode bestraft wurde. Und Jesus? „Wer unter euch ohne Sünde ist, der werfe den ersten Stein auf sie!“

Die Kritik am Reichtum und seine Geringschätzung der Tradition können als Aufruf zum Umsturz verstanden werden, als Verrat am religiösen Empfinden des jüdischen Volkes. Sie können mit eine Ursache für seine Hinrichtung gewesen sein.

Das historisch sicherste Ereignis im Leben Jesu ist die Kreuzigung durch die Römer, die wahrscheinlich am 7. April 30 unserer Zeitrechnung stattfand.

Was nach der Kreuzigung geschieht, wird zum Gründungsimpuls einer neuen Weltreligion. „Was ist an jenem Morgen des 9. April 30 vorgefallen? Dass etwas geschehen sein muss, ist unbestritten, denn ohne die Auferstehung gäbe es kein Christentum. Dieses selbst die antike Gläubigkeit sprengende Wunder ist so etwas wie der Urknall des Christentums, sein Anfang, seine Begründung und Legitimation… Für die Wissenschaftler bleibt die Auferstehung letztlich ein Rätsel. Denn auch sie müssen erkennen, dass Petrus und viele andere Anhänger Jesu von dessen Auferstehung überzeugt sind – so überzeugt, dass sie dafür sogar bereit sind zu sterben.“[192]

---

191 nach: Oberstufe Religion Nr. 7, Calwer Verlag Stuttgart, S. 17.

192 Rademacher, Cay. in GEO kompakt, Nr. 16, Glaube und Religion. S. 132.

Das neue Denken Jesu im Konflikt mit herkömmlichen religiösen Vorstellungen

Drei Jahre lang – nur drei Jahre – ist Jesus als „Wanderprediger" durchs Land gezogen. Freunde haben alles verlassen, um sich ihm anzuschließen. Er hatte eine Ausstrahlungskraft und eine Botschaft, die faszinierend auf die Menschen wirkten, eine Botschaft, die auch heute noch nach 2000 Jahren auf viele Menschen eine Faszination ausübt.

Was ist das Neue, Unerwartete in der Botschaft Jesu, das diese Faszination ausübte?

Sie betrifft zunächst sein ***Gottesbild,*** die Grundlage seines Handelns**:** „Du bist mein geliebter Sohn." Jesus erlebt Gott wie einen Vater – wie eine Mutter. Das ist in dieser Formulierung etwas ganz Neues. Jesus hat Gott sicherlich nicht als Person gesehen. Vermutlich wird er ihn erfahren, erahnt haben als das „Göttliche", das Eigenschaften eines guten Vaters, einer guten Mutter hat. Johannes formuliert es so: „Gott ist **die** Liebe!" Damit ist gesagt: Gott ist nicht der Ferne, der uns von oben herab beobachtet. Nein, er ist in uns. „Gott ist nicht mehr der gänzlich jenseitige absolute Herrscher, Gesetzgeber und Richter, sondern wesentlich Liebe und Güte, die dem Leben und insbesondere dem Menschen vergebend eine Chance gibt, ja grundsätzlich das Leben und den Menschen als sein Gegenüber „will"."[193]

Von daher ist es nicht verständlich, dass Jesus von seinem „Vater" „zur Vergebung der Sünden" geopfert wird. Viel eher wurde er das Opfer gesellschaftlicher Konflikte zwischen Römern, Juden und der Tempelaristokratie.

---

193 Koltermann, Hans Rudolf: *Im Herzen der Materie.* Wissenschaftliche Buchgesellschaft, Darmstadt, 2004, S. 115.

Aufgrund seines Gottesbildes hat Jesus keine Schwierigkeiten, sich mit religiös und ethisch Ausgestoßenen einzulassen. Zur Zeit Jesu gab es viele Schranken zwischen den verschiedenen Menschengruppen. Für Jesus galt das nicht:

Juden und Samariter aßen nicht miteinander, sie beteten nicht zusammen, sie heirateten nicht untereinander, sie hielten sich nicht einmal am gleichen Ort auf, wenn es sich vermeiden ließ.

Ganz anders bei Jesus:

- Unter den 10 Aussätzigen, die Jesus heilt, ist ein Samariter.[194]
- Jesus lobt den barmherzigen Samariter, der Barmherzigkeit übte. Er ist viel mehr ein Kind Abrahams als der jüdische Priester oder Levit, die vorübergingen.[195]

Die **Trennung zwischen Juden und Heiden** ging noch weiter als die Trennung von Juden und Samaritern. In den Augen der Juden waren die Heiden unrein. Sie galten als die Unbeschnittenen, als diejenigen, die die Speisegesetze nicht beachteten und überhaupt von den heiligen Forderungen der Tora nichts wussten. Die Verbindung mit Heiden macht Juden unrein. Deshalb waren die Heiden für die jüdische Gemeinde und wahrscheinlich in gleicher Weise auch für den jüdischen Gott inakzeptabel.

- Jesus heilt den Knecht eines heidnischen, römischen Hauptmanns. Er lobt ihn, weil er einen Glauben habe, wie ihn Jesus in Israel noch nicht gefunden hat.[196]
- Das Markusevangelium beschließt die Passionsgeschichte damit, dass ein heidnischer Hauptmann als erster die Bedeutung des Todes Jesu versteht: „Wahrhaftig, dieser Mensch war Gottes Sohn!“[197]

---

194 Luk 17,11-19
195 Luk 10,29-37
196 Matth 8,5-10; Luk 7,1-10
197 Mark 15,39

- In der Apostelgeschichte berichtet Lukas, wie am Pfingsttag[198] Vertreter aller Nationen dabei sind: „Parther, Meder, Elamiter und die Bewohner von Mesopotamien…“ Vor Gott sind alle Menschen gleich. Das ist zusammengefasst die Botschaft des Pfingstfestes. Und das ist die Botschaft Jesu, eine Botschaft, die für die damalige Zeit revolutionär war.

In der Welt, in der Jesus lebte, gab es auch **kulturelle Grenzen**.

- Frauen wurden als Menschen 2. Klasse angesehen.
  Die Gesellschaft ist patriarchalisch: Frauen dürfen nicht aus der Thora lesen; im Tempel ist ihnen nur ein Hof reserviert; sie dürfen nicht als Zeugen vor Gericht aussagen. Doch alle Evangelien betonen, dass die Frauen zu den eifrigsten Gefolgsleuten Jesu gehören, angeführt von Maria von Magdala, die mit ihrem eigenen Einkommen Jesus und die Schar der Jünger unterstützte.[199]

- Paulus nahm die Gedanken von Jesus im Galaterbrief auf, als er erklärte, dass in Christus „nicht Mann noch Frau ist“[200], die Frauen also gleichberechtigt mit den Männern sind.

---

198 Ap 2
199 Luk 8,3
200 Gal 3,28

Jesus als Anfang einer neuen Schöpfung

Theologen, die sich mit der ***Evolution*** auseinandergesetzt haben, nennen Jesus einen „Quantensprung“ in der geistigen Evolution. Der Gedanke liegt nahe, wenn man bedenkt, wie im biologischen Evolutionsprozess immer wieder Neues und Unerwartetes entstanden ist.

In der biologischen Evolution gilt das Gesetz „survival of the fittest“ oder der an die Umwelt besser Angepasste hat größere Überlebenschancen als andere, die weniger angepasst sind und deshalb um ihr Überleben bangen müssen. Jesus setzt sich für die Schwachen und Kranken ein. Er identifiziert sich mit den aus der Gesellschaft Ausgestoßenen. Er predigt die Nächstenliebe statt den „Kampf aller gegen alle“.

Angriffe anderer sollen wir immer wieder vergeben („siebzigmal siebenmal“[201]), leidenden Menschen soll unbedingt geholfen werden, auch dann, wenn wir dafür Nachteile in Kauf nehmen müssen („Barmherziger Samariter“[202]), Feinden soll man auch die „andere Wange hinhalten“ und mit ihnen eine zweite Meile mitgehen.[203] Jesus rief zum persönlichen Umdenken auf: „Wer groß sein will unter euch, der soll euer Diener sein; und wer unter euch der Erste sein will, der soll der Knecht aller sein“[204] Ähnliche Gedanken finden wir auch in der Bergpredigt.

Wir fragen nach der Stellung Jesu im evolutiven, modernen Weltbild.

- ***Eine*** Antwort legen die bisherigen Schilderungen nahe: Er ist eine Mutation im geistigen Evolutionsgeschehen, ein „Quantensprung“ hin zu neuen Erkenntnissen und Verhaltensformen.

---

201 Mt 18.22

202 Lk 10,25-37

203 Mt 5,39-47

204 nach Koltermann, Hans-Rudolf: *Im Herzen der Materie*. Wissenschaftliche Buchgesellschaft, Darmstadt, 2004, S. 113.

Eine Frage bleibt noch: Woher hatte Jesus diese Erkenntnisse? Das Neue Testament nennt Jesus den „neuen Menschen“[205], der durch seine besondere Nähe zu Gott – zum göttlichen Geist – eine Offenbarung Gottes ist. „... das, was die Religionen „Offenbarungen“ nennen, sind Mutationen unseres Gesamtbewusstseins, die ebenso unerklärlich und unableitbar sind wie die Mutationen des genetischen Codes innerhalb der biologischen Evolution“.[206]

- Eine weitere Antwort gibt uns die moderne Physik: Wenn wir teilhaben an den geistigen Informationen des Anfangs (Anton Zeilinger) oder an der geistigen Grundstruktur des Universums, dann liegt der Gedanke nahe, dass Jesu Botschaft hier ihren Ursprung hat. Jesu Teilnahme und Teilhabe am geistigen, göttlichen Urprinzip („Gott“) können die Erklärung sein. Solche Gedanken werden vom Philosophen Hans Jonas unterstützt, der davon überzeugt ist: Alles, was geworden ist, nimmt in unterschiedlichen Graden an jenem Geist teil, der von Anfang an war. Auf Jesus übertragen könnte das heißen: Jesus nimmt in besonderer Weise an jenem göttlichen Geist teil, der sich in der Schöpfung offenbart – übrigens auch in uns! Wenn wir das als Antwort ansehen, lässt sich das Besondere an der Person Jesu – wie Bischof Spong schreibt – folgendermaßen deuten:

In Jesus nimmt das Menschliche am Göttlichen teil.
Durch die besondere Nähe zum Göttlichen
ist er der „Sohn Gottes".
Seine Botschaft hat dann mit Gott zu tun –
ja, sie kommt dann von Gott.
Oder wie es Karl Jaspers ausdrückt:
Der unbekannte Gott offenbart sich
in „exemplarischen Menschen",
zu denen sicherlich auch Jesus gehört.

205 1 Kor 15,44ff
206 Koltermann, Hans-Rudolf, a.a.O. S. 121

Zum Nachdenken

Jesus „machte der Welt das Geschenk eines barmherzigen Gottes, der auch den Menschen Barmherzigkeit und Miterleiden anempfiehlt. Der barmherzige Gott rechnet den Menschen ihre Schuld nicht zu, sondern nimmt sie ihnen ab, richtet sie in ihrer Schuld auf, nimmt ihnen die Angst in der Welt und will sie aus den stürmischen Wogen des Schreckens und der Not retten.

So wurden der Menschheit aus dieser Religion die Armen- und Sozialfürsorge, die Hospitäler und Krankenhäuser, die Altenheime und die Frauenhäuser, ja, die allgemeine Gesundheitsfürsorge geschenkt... Wenn Mitgefühl und Brüderlichkeit, Fremdenfreundlichkeit und Rücksichtnahme, Respekt und Toleranz zur Anerkennung der allgemeinen Würde des Menschen führen und so eine Weltgesellschaft mit menschlichem Antlitz ermöglichen“, [207]dann ist das Reich Gottes mitten unter uns.

---

207 nach Gerhard Loettel, a.a.O.

Die Rolle der Religionen im Spektrum der Evolution

Vorüberlegung: Die moderne Physik und die östlichen Religionen fragen beide nach den Anfängen des Universums. Für die östlichen Religionen ist es das „Absolute“, das am Anfang steht und alles Gewordene zusammenhält. Die moderne Physik stellt fest: Im Anfang war nicht die Materie, sondern etwas Immaterielles, das sie nicht näher beschreiben können. Einige Naturwissenschaftler scheuen sich nicht, von „Transzendenz“ oder sogar vom „Geist“ oder von „Gott“ zu sprechen. Andere sehen als Anfang Beziehungen, Verbindungen, Vernetzung.

Das Weltparlament der Religionen in Chicago (1893)

Am 11. September 1893 wurde in Chicago das erste Weltparlament der Religionen eröffnet. Siebentausend Personen hatten sich eingefunden. Unter ihnen waren katholische und protestantische Christen, Juden und Moslime, Hindus und Jains, Buddhisten, Konfuzianer und Shintoisten. Sie alle wurden von liberalen amerikanischen Christen eingeladen in der Hoffnung, ja in der Überzeugung, dass mit der Jahrhundertwende ein neues Zeitalter anbrechen werde, das Frieden und Versöhnung zwischen den Religionen bringe.

Diese erste derartige Versammlung wurde unerwartet von einem indischen Wandermönch beeinflusst und geprägt. Es war Swami Vivekananda aus Bengalen, ein Schüler des großen indischen Heiligen Ramakrishna. Ihm war es gelungen, trotz mancher Widerstände ins Parlament der Weltreligionen zu gelangen. Sein Name und seine Botschaft, die er überzeugend vortrug, sollten in die Geschichte dieses Parlaments eingehen.

Seine Botschaft lässt sich in drei Sätzen zusammenfassen:

- Es gibt nur eine Wahrheit, aber sie hat verschiedene Namen.
- Jede Religion hat Anteil an dieser einen und einzigen Wahrheit. Jede Religion verdient deshalb Respekt.
- Und umgekehrt: Keine Religion kann von sich behaupten, sie allein sei im Besitz der vollen Wahrheit.

Jede Religion besteht auf ihrem eigenen „Brunnen".

Der religiöse Hintergrund dieser Botschaft war die dreitausend Jahre alte Lehre der Vedanta, das Grundgerüst des Hinduismus. Sie sagt: Die letzte Wirklichkeit ist reiner Geist. Dieser Geist offenbart sich in der Welt in zahlreichen Formen, die wie alle Religionen einen Teilaspekt des unfassbaren göttlichen Geheimnisses umfassen.

In einem alten indischen Lied heißt es: „So wie verschiedene Ströme ihre Quellen an verschiedenen Orten haben und ihre Wasser doch in einem Meer zusammenfließen, so, oh Herr, nehmen die Pfade der Menschen zwar verschiedene Richtungen, führen aber schließlich alle zu dir." [208]

Das Problem, vor dem die Weltreligionen stehen, versuchte Vivekananda in der Geschichte vom Frosch im Brunnen zu erläutern: „Ein Frosch lebte seit langer Zeit in seinem Brunnen. Er war in diesem Brunnen geboren und aufgezogen worden. Er blieb hier, fraß Würmer und Ungeziefer und wurde langsam rund und dick. Eines Tages fiel ein Frosch, der im Meer lebte, in diesen Brunnen. „Wo kommst du her?", fragte der Brunnenfrosch. „Vom Meer", sagte der andere. „Das Meer? Wie groß ist das? So groß wie mein Brunnen?" „Mein Freund", sagte der Meeresfrosch, „wie kannst du nur das Meer mit deinem kleinen Brunnen vergleichen?" Der Brunnenfrosch hüpfte von der einen Seite des Brunnens

208 Dieser Text und einige Überlegungen zu diesem Thema wurden entnommen: Schweizer Radio DRS-2, Besinnung am Sonntag (12./17.9.1993), zu dem Thema: Gott ist der ´ganz Andere´ – die vielen Religionen und die eine Wahrheit, von Lorenz Marti

zur andern: „So groß ist das Meer?“ „Was für ein Unsinn“, sagte der andere, „deinen Brunnen mit dem Meer zu vergleichen.“ Da sagte der Brunnenfrosch: „Nun gut, aber es gibt ja gar nichts, was größer ist als mein Brunnen. Und wer so etwas behauptet, ist ein Lügner – raus mit dir!“

Genau das ist unsere Schwierigkeit. Ich bin ein Hindu. Ich sitze in meinem eigenen kleinen Brunnen und meine, dass dieser Brunnen die ganze Welt ausmacht. Die Christen sitzen in ihrem Brunnen und halten diesen für die ganze Welt. Die Muslime halten ihren Brunnen für die ganze Welt.“

Wie lassen sich diese Denkstrukturen der Religionen aufbrechen und wie kann man zeigen, dass sie letztlich doch an ein und denselben Gott glauben?

Alle Religionen nehmen teil an der einen universalen Wahrheit.

Alle Religionen versuchen, sich von dem einen alles umfassenden Gott eine Vorstellung zu machen. Es ist dasselbe Licht, das durch die verschiedenen Religionen wie durch Fensterscheiben hindurchscheint und in verschiedenen Farben erkennbar wird. Wir müssen lernen, dass die Wahrheit auf hunderttausendfache Arten ausgedrückt werden kann und dass jede dieser Arten auf ihrem Gebiet wahr ist.

Dass es so sein kann, lehrt uns auch die Naturwissenschaft, wenn sie die Fragen stellt: **„Was ist Licht?“** Und: „Wie gelangt Sonnenlicht zur Erde?“ Im 19. Jahrhundert entdeckten Faraday und Maxwell, dass Licht aus elektromagnetischen Wellen besteht, die sich mit großer Geschwindigkeit durch den Raum bewegen. Wenn wir von Wellen reden, denken wir automatisch an Wasser- oder Schallwellen. Beide benötigen ein Medium, in dem sie sich ausbreiten können: Wasserwellen breiten sich im Wasser aus und Schallwellen in der Luft. Vakuum leitet Schallwellen nicht weiter. Somit ergab sich die Frage: Was ist das Medium, in dem sich die Lichtwellen ausbreiten können? Es gab keine Antwort auf diese Frage. Als Notlösung (er)fand man den Äther, ohne zu wissen, was Äther eigentlich ist. Schließlich war es Albert Einstein, der eine

Lösung dieses Problems gab. Er stellte fest: Licht ist ein ureigenes Phänomen, das zur Ausbreitung keines Mediums bedarf. Es ist zwar eine Welle, aber auch ein Teilchen, dem die Quantentheorie den Namen „Lichtquant“ gab. Es gab eine lange Diskussion unter den Wissenschaftlern, die zu dem Ergebnis führte: Licht ist Welle und Teilchen zugleich. Beides sind verschiedene Vorstellungen, die es ermöglichen, Licht unter diesem oder jenem Gesichtspunkt zu betrachten und zu erklären. Beides ist wahr und doch gibt jedes nur einen Teilaspekt der vollen Wirklichkeit wieder.

So sind auch die vielen Religionen „Teilaspekte“ der *einen* Wirklichkeit, die wir Gott nennen. „Angenommen, wir gehen mit Gefäßen in den Händen zu einem See, um Wasser zu holen“, so überlegt Vivekananda. „Der eine hat einen Becher, der andere einen Krug, wieder ein anderer einen Eimer, und wir alle füllen unsere Gefäße. Der, welcher einen Becher mitnahm, hat das Wasser in der Form eines Bechers; der mit dem Krug hat das Wasser in Form eines Kruges und so weiter. Aber in jedem Fall ist Wasser und nur Wasser in dem Gefäß. So ist es auch mit der Religion. Unsere Seelen gleichen diesen Gefäßen und wir alle suchen die Erkenntnis Gottes zu erlangen und zu verwirklichen. Gott ist wie dieses Wasser, das die verschiedenen Gefäße füllt, und in jedem Gefäß nimmt die Vision Gottes die Gestalt des Gefäßes an. Aber Gott ist Einer, er ist Gott in jedem Fall.“

Ramakrishna, der große Mystiker des 19 Jahrhunderts , sah Gott in allem und in jedem. In einem Gespräch erzählt er, wie er alle Religionen praktiziert habe: den Hinduismus, den Islam und das Christentum. Er sei davon überzeugt, dass es stets derselbe Gott ist, an den sich Menschen aller Religionen wenden – jede auf jeweils ihre eigene Weise. Das Wesen Gottes ist immer das Eine, das sich hinter den verschiedenen Namen verbirgt.

Mahatma Gandhi hatte keinen Zweifel, dass seine hinduistischen Schriften Gottes Wort waren. Er hatte auch keinen Zweifel, dass die Bibel und der Koran Offenbarungen Gottes waren. Der amerikanische Journalist Louis Fischer besuchte ihn eines Tages in seiner Lehmhütte. An seiner Wand hing ein verblichenes Schwarzweißbild von Christus. Darunter stand: „Er ist unser Friede“.

Fischer sagte überrascht: „Aber Sie sind doch kein Christ." Gandhi antwortete: „Ich bin Christ und Hindu und Moslem und Jude!" „In der nächsten Welt", sagte er, „gibt es weder Hindus noch Moslems noch Christen."[209]

Wir Menschen können Gott nicht erfassen, wie er wirklich ist.

Die Erfahrung zeigt: Bei jeder neuen naturwissenschaftlichen Erkenntnis stehen wir vor unzähligen neuen Fragen. Mit unsern Kenntnissen kommen wir an kein Ende. Es wird wohl niemals möglich sein, die Natur so zu erkennen, wie sie wirklich ist. Wenn das schon von der Natur gilt, um wie viel mehr von Gott, der mit einem „begrenzten Verstand" erst recht nicht zu fassen und zu verstehen ist. Auch wenn wir daran glauben, dass uns die Propheten – und in besonderer Weise Jesus – Gott geoffenbart haben, so kann diese Offenbarung nur eine „Ahnung", ein „Schimmer vom großen Geheimnis" vermitteln, das wir Gott nennen.

Eine weitere Überlegung ist sehr wichtig: Wir Menschen betrachten die Wahrheit von verschiedenen Standpunkten aus. Wir „färben die Wahrheit mit unserm Herzen, verstehen sie mit unserm Verstand und erfassen sie mit unserm Geist. Wir können nur so viel von der Wahrheit erkennen, wie zu uns gehört, so viel, wie wir imstande sind aufzunehmen." Aber wir alle nehmen teil an der gleichen großen, universalen Wahrheit, die Gott ist.

Wer sich auf diese Gedanken einlässt, wird weiterhin Anhänger seiner Religion bleiben. Mehr noch: Er kann davon überzeugt sein, dass er – wie die Anhänger anderer Religionen auch – teilhat an der Wahrheit, die wir Gott nennen. Vivekananda geht so weit, dass er von sich behaupten kann: „Ich bejahe alle Religionen und bete mit ihnen allen. Ich verehre Gott mit jeder von ihnen. … Ich werde in die Moschee der Muslime gehen, ich werde die christliche Kirche betreten und vor dem Kruzifix knien. Ich werde in die buddhistischen Tempel eintreten, wo ich Zuflucht zu Buddha und seinem Gesetz nehme. Ich werde in

209 Naheres bei: Rosa, Peter de: *Der Jesus-Mythos*. Droemer Knaur Verlag, München, 1991, S. 562f.

den Wald gehen und mit dem Hindu meditieren, der das Licht sucht, das jedes Herz erleuchtet. … Und ich werde mein Herz offen halten für alle, die noch kommen mögen. Ist Gottes Buch geschlossen? Oder ist es noch immer eine dauernde Offenbarung, die sich weiter fortsetzt? Die geistigen Offenbarungen der Welt sind ein wunderbares Buch. Die Bibel, die Veden, der Koran und alle andern heiligen Schriften enthalten so viele Seiten – und unendlich viele Seiten bleiben noch zu offenbaren."

Die Begegnung mit anderen Religionen eröffnet neue und interessante Perspektiven.

Vivekananda kannte die Evolutionstheorie noch nicht. Und doch spricht er hier das aus, was für jeden auf der Hand liegt, der sich mit dem modernen Weltbild beschäftigt: Auf allen Gebieten geht die Entwicklung weiter. Soll das nicht auch für den Glauben gelten?

Das ganze Evolutionsgeschehen ist geprägt von der Tatsache, dass immer komplexere Strukturen entstehen, die zu einer größeren, umfassenderen Einheit führen. Gleichzeitig wächst das Bewusstsein, das Selbst-Bewusstsein, das Zusammengehörigkeits-Empfinden und die Verantwortung. Die Menschheit wächst zusammen zu einer großen Weltgemeinschaft. Bei aller Problematik, die wir Tag für Tag erleben: Der Ansatz dazu ist durchaus zu erkennen. Es wird aber nur dann gelingen, wenn auch die Religionen ihren Absolutheitsanspruch relativieren und aufeinander zugehen. Was dann geschehen kann, schildert Werner Heisenberg: [210]

„Vielleicht darf man ganz allgemein sagen, dass sich in der Geschichte des menschlichen Denkens oft die fruchtbarsten Entwicklungen dort ergeben haben, wo zwei verschiedene Arten des Denkens sich getroffen haben. Diese verschiedenen Arten des Denkens mögen ihre Wurzeln in verschiedenen Gebieten der menschlichen Kultur haben oder in verschiedenen Zeiten, in verschiedenen

---

210 Capra, Fritjof: *Der kosmische Reigen.* Scherz Verlag, München, 1978, S. 6.

kulturellen Umgebungen oder ***verschiedenen religiösen Traditionen***. Wenn sie sich nur wirklich treffen, d.h., wenn sie wenigstens so weit zueinander in Beziehung treten, dass eine echte Wechselwirkung stattfindet, dann kann man darauf hoffen, dass neue und interessante Entwicklungen folgen."

Das westliche naturwissenschaftliche Denken und die östliche Meditationen dürften ebenso wie die Begegnung der verschiedenen Religionen zu solchen interessanten Entwicklungen führen.

Inzwischen ist vieles geschehen. So hat Ende des Jahres 1994 – das heißt: 100 Jahre nach dem ersten Treffen des Weltparlamentes der Religionen in Chicago – der Papst eine „Weltkonferenz der Religionen" in den Vatikan eingeladen, nachdem einige Jahre zuvor in Assisi eine Begegnung aller Religionsvertreter stattgefunden hatte, bei dem sie gemeinsam zu ihrem und unser aller Gott gebetet haben. Ein Dialog findet mit dem Ziel statt, einen Beitrag zu einem gerechten Frieden auf der Welt zu leisten.

Ob ein Dialog zwischen den Religionen nicht auch dazu führen kann, dass im gegenseitigen Verstehen einer vom andern lernt? Dass wir die „Perlen", die nach den Aussagen des Zweiten Vatikanischen Konzils in allen Religionen vorhanden sind, besser sehen? So könnte auch der Glaube einen evolutiven Prozess durchmachen, der uns auf dem Wege zur gemeinsamen Wahrheit weiterführt.

Zusammenfassung

Es gibt ein Um–Denken – einen Paradigmenwechsel – im Bereich der Physik und im Bereich des Glaubens. Beide haben sie gemeinsam, dass sie uns zu der Kernfrage allen menschlichen Denkens hinführen, zur Frage nach dem Anfang.

Die Physik erkennt: Im Anfang steht etwas „Immaterielles", das in Raum und Zeit Gestalt angenommen hat, das alles in einem dynamischen, vernetzten Ganzen zusammenhält. Das Ergebnis ist Vielfalt und Einheit: Die Vielfalt aus der Einheit und die Einheit in der Vielfalt.

Diese Gedanken können die Antwort sein auf das alles verbindende Element der Religionen: Vielfalt in der alles tragenden Einheit der Wahrheit und verbindende Einheit in der Vielfalt der religiösen Erkenntnisse. Oder wie es Sri Sathya Sai Baba in einer Rede formulierte: „Es gibt nur eine Religion, die Religion der Liebe. Es gibt nur eine Sprache, die Sprache des Herzens. Es gibt nur einen Gott – er ist allgegenwärtig … Wenn ich weiß, dass Gott der Strom ist, der all die verschiedenen Glühbirnen erleuchtet, so bin ich den Glühbirnen gegenüber gleichgültig, die man für so wichtig hält. Wenn man die Aufmerksamkeit den Glühbirnen schenkt, entstehen Parteien und werden Sekten geboren. Ihr müsst den Einen anbeten, der als das Viele erscheint, als das zugrunde liegende Göttliche, das alle Birnen erleuchtet…." [211]

Zum Nachdenken

Die Chiffre „Gott" kann nur ein Bild für das Unfassbare sein, für das Unauslotbare dessen, was der Welt zugrunde liegt. Und auch der Koran nennt neunundneunzig „schöne Namen Gottes". Doch der Muslim und die Muslima wissen, dass der „hundertste" Name Gottes unbekannt ist, weil man Gott nicht in einen Namen pressen kann. Jeder Name ist zu eng für das Göttliche. „Man kann das göttliche Geheimnis nicht in ein einzelnes menschliches System einfangen, weil es als die Einheit allen Seins immer wieder über jedes Detail-System hinausweist. Und so liegt auch jeder einzelnen Religion in sich das Komplementaritätsprinzip zugrunde. Nicht nur die einmal gefundene Glaubenserfahrung, die zur religiösen Lehrmeinung wurde, ist die für alle Zeit einzig richtige und unüberholbare Glaubenswahrheit. Auch innerhalb einer Religion gab und gibt es Zweifel, neue Glaubensfragen und neue Glaubenserfahrungen, die eine neue Deutung verlangen und eine neue Bedeutung für die tiefe Dimension unseres Gottes- und Weltbildes haben." [212]

---

211 Bühlmann, Walbert: *Die Wende zu Gottes Weite.* Matthias Grünewald Verlag, Mainz 1991, S. 73.

212 Löttel, Gerhard: *Ein Schimmer vom großen Geheimnis.* Publik Form 14, 2008, S.40.

Ein Gebet zum Nachdenken:

„Möge der,
welcher unser Vater für die Christen ist,
Jahwe für die Juden,
Allah für die Mohammedaner,
Buddha für die Buddhisten,
Brahma für die Hindus,
möge dieses allmächtige Wesen,
das wir als Gott anerkennen,
den Menschen den Frieden geben
und unsere Herzen zu einer geistigen Familie vereinen."[213]

213 Wo die Sehnsucht den Himmel berührt; Butzon & Bercker Verlag, Kevelaer, 2001.

Epilog – Ausblick

Der Mensch wird immer tiefer und tiefer eindringen
in die Geheimnisse des Universums,
aber es wird für ihn immer allerletzte Grenzen geben,
Grenzen für sein Anschauungsvermögen,
Grenzen für sein verstandesmäßiges Erkennen,
über die hinaus er forschend nicht weiter vorstoßen kann...
Gleichzeitig wird dabei in ihm
die Gewissheit immer mehr gefestigt,
dass sich die Existenz der Welt
nicht aus ihrer Beschaffenheit heraus begründen lässt,
dass die Welt nicht etwa ein Produkt der Materie sein kann,
sondern dass es außer der Welt der Materie,
der Welt der Atome und der Sterne,
noch etwas anderes geben muss,
einen überweltlichen Urgrund,
aus dem heraus die Welt
und auch der Menschengeist ist,
einen Urgrund, einen Geist,
der über Materie, Raum und Zeit
jede Seinsstufe transzendiert,
einen Geist göttlicher Natur,
der alles, was da ist,
erschaffen hat und dies alles erhält... [214]

---

214 Vogt, Heinrich: Das astronomische Weltbild. Morus Verlag, Berlin, 1955, S. 101f. Heinrich Vogt (geboren 1890) studierte 1911 bis 1919 Astronomie, Mathematik und Physik in Heidelberg. Seit 1933 war er ordentlicher Professor und Direktor der Sternwarte in Heidelberg. Seine Hauptaufgabengebiete sind theoretische Astrophysik, Kosmogonie und Kosmologie. Vogt war Mitglied der Deutschen Akademie der Wissenschaften zu Halle und der Heidelberger Akademie der Wissenschaften. Aufgrund seiner astrophysikalischen und kosmogonischen Arbeit genoss Vogt Weltruf.

Weiterführende, ergänzende Literatur

a) Naturwissenschaft, modernes Weltbild

Atkins, Peter W.: *Schöpfung ohne Schöpfer – Was war vor dem Urknall?* Rowohlt, Reinbek bei Hamburg, 1985.

Baeyer, Hans Christian von: *Das informative Universum, Das neue Weltbild der Physik.* Wissenschaftliche Buchgesellschaft, Darmstadt, 2005.

Brehmer, Chrstian: *Vom Urknall zur Erleuchtung. Die Evolution des Bewusstseins als Ausweg aus der Krise.* Via Nova Verlag, Petersberg, 2008.

Bryson, Bill: *Eine kurze Geschichte von fast allem.* Goldmann Verlag, München, 2004.

Chown, Marcus: *Warum Gott doch würfelt.* Kösel Verlag, München, 2005.

Davies, Paul, Gribbin, John: *Auf der Suche zur Weltformel.* Byblos Verlag, Berlin, 1997.

Dürr, Hans-Peter: *Physik und Transzendenz. Die großen Physiker unseres Jahrhunderts über ihre Begegnung mit dem Wunderbaren.* Scherz Verlag, Bern/München/ Wien, 1995.

Dürr, Hans-Peter: *Das Netz des Physikers.* Hanser Verlag, München/Wien, 1988.

Ferguson, Kitty: *Das Universum des Stephen Hawking.* Econ Verlag, Düsseldorf/Wien, 1994.

Gribbin, John, Rees, Martin: *Ein Universum nach Maß*, Birkhäuser, Basel/Boston/Berlin, 1991.

Hawking, Stephen: *Eine kurze Geschichte der Zeit. Die Suche nach der Urkraft.* Rowohlt, Reinbek bei Hamburg, 1988.

Hemme, Heinrich: *Die Relativitätstheorie – Einstein mal einfach.* Anaconda Verlag, Köln, 2008.

Lüke, Ulrich, Schnakenberg, Jürgen, Souvignier: *Darwin und Gott.* Wissenschaftliche Buchgesellschaft, Darmstadt, 2004.

Peat, F. David: *Der Stein der Weisen, Chaos und verborgene Weltordnung.* Hoffmann und Campe, Hamburg, 1992.

Schäfer, Lothar: *Versteckte Wirklichkeit – wie uns die Quantenphysik zur Transzendenz führt.* Hirzel Verlag, Stuttgart/Leipzig, 2010.

Sheldrake, Rupert: *Sieben Experimente, die die Welt verändern könnten.* Scherz Verlag, Bern/ München/Wien, 1995.

Sheldrake, Rupert: *Das Gedächtnis der Natur.* Scherz Verlag, Bern/München/Wien, 1992.

Taggart, Lynne Mc: *Das Nullpunkt-Feld, Auf der Suche nach der kosmischen Ur-Energie.* Goldmann, München, 2007.

Tomiska, Josef: *Physik, Gott und die Materie.* Ueberreuter, Wien, 2010.

Vaas, Rüdiger: *Hawkings neues Universum.* Piper, München, 2010.

b) Theologie – Spiritualität

Becker, V.J.: *Gottes geheime Gedanken (westliche Physik und östliche Mystik).* Books on Demand GmbH, Norderstedt, 2006.

Capra, Fritjof: *Das neue Denken.* Scherz Verlag, Bern/München/Wien, 1990.

Esser, Wolfgang G.: *Philosophische Gottsuche.* Kösel Verlag, München, 2002.

Esser, Wolfgang G.: *Mystisches Bewusstsein erwacht in uns. Religiosität der Zukunft.* Via Nova Verlag, Petersberg, 2011.

Grof, Stanislav: *Die Welt der Psyche.* Kösel Verlag, München, 1993.

Guth, Alan H.: *Die Geburt des Kosmos aus dem Nichts.* Wissenschaftliche Buchgesellschaft, Darmstadt, 1997.

Halbfas, Hubertus: *Der Glaube.* Patmosverlag, Düsseldorf, 2010.

Jäger, Willigis: *Suche nach der Wahrheit.* Via Nova Verlag, Petersberg, 1999.

Jäger, Willigis: *Anders von Gott reden.* Via Nova Verlag, Petersberg, 2007.

Jörns, Klaus-Peter: *Notwendige Abschiede. Auf dem Weg zu einem glaubwürdigen Christentum.* Gütersloher Verlagshaus, Gütersloh, 2006.

Köhler, Wolfgang R., Mutschler, Hans Dieter: *Ist der Geist berechenbar? Philosophische Reflexionen.* Wissenschaftliche Buchgesellschaft, Darmstadt, 2003.

Küng, Hans: *Der Anfang aller Dinge – Naturwissenschaft und Religion.* Piper Verlag, München/Zürich, 2005.

Laszlo, Ervin: *Der Quantensprung im globalen Gedächtnis. Wie ein neues wissenschaftliches Weltbild uns und unsere Welt verändert.* Via Nova Verlag, Petersberg 2010.

Lay, Rupert: *Nachkirchliches Christentum.* Econ Verlag, Düsseldorf, 1995.

Moos, Walter S.: *Gott und die Physik – Über Naturwissenschaft und Religion.* Patmos Verlag, Düsseldorf, 2002.

Mindel, Arnold: *Der verborgene Code des Bewusstseins. Der Quantengeist in der Naturwissenschaft und in der Psychologie.* Via Nova Verlag, Petersberg, 2010

Onfray, Michel: *Wir brauchen keinen Gott.* Piper Verlag, München/Zürich, 2006.

Pauly, Wolfgang: *Abschied vom Kinderglauben.* Publik Forum, Oberursel, 2008.

Spong, John Shelby: *Was sich im Christentum ändern muss. Ein Bischof nimmt Stellung.* Patmos Verlag, Düsseldorf, 2004.

Stadelmann, Hans-Rudolf: *Im Herzen der Materie. Glaube im Zeitalter der Naturwissenschaften.* Wissenschaftliche Buchgesellschaft, Darmstadt, 2004.

Weitere Bücher aus dem Verlag Via Nova:

Vom Urknall zur Erleuchtung

Die Evolution des Bewusstseins als Ausweg aus der Krise
Christian Brehmer

Hardcover, 280 Seiten, Großformat, 140 vierfarbige Fotos, 130 Grafiken, ISBN 978-3-86616-064-4

„Du kannst das Problem nicht lösen auf der Ebene, wo das Problem seine Wurzeln hat", sagte Albert Einstein. Es lässt sich nur von einer übergeordneten Ebene aus lösen. In diesem Buch geht es um die Umrisse dieser übergeordneten Ebene, einer neuen Bewusstseins- und Erkenntnisebene. Sie wird uns evolutionär erschlossen. Und um sie besser einzuordnen, befassen wir uns mit der faszinierenden Geschichte der Evolution, mit unserer Stammesgeschichte. Da gab es mehrere Phasenübergänge: nach der Entstehung des Universums mit dem Urknall die kosmische Evolution, dann den Übergang zur biologischen, zur chemischen, zur mentalen und zur technisch-kulturellen Evolution der Gegenwart. Und die Evolution geht weiter. Sie drängt in die Zukunft. Indem wir uns mit der in diesem Buch erstmals erarbeiteten Theorie der Phasenübergänge auseinandersetzen, gewinnen wir Überblick über das, was uns bevorsteht: die supramentale Evolution, die Erleuchtung, und mit ihr die Lösung der individuellen und kollektiven Probleme von der Wurzel her. Aber es bleibt nicht bei der Theorie. Im Buch finden wir konkrete Hinweise zur evolutionären Erweiterung des Bewusstseins und zur praktischen Neugestaltung unseres persönlichen und gesellschaftlichen Lebens.

HOLOS – die Welt der neuen Wissenschaften

Ervin Laszlo

Hardcover, 208 Seiten, ISBN 978-3-928632-94-2

In den Wissenschaften findet eine Revolution statt. Es ist keine technologische Revolution – es ist eine Revolution des Weltbildes. Prof. Laszlo verfolgt diese Entwicklung und macht sie jedem zugänglich, der an den neuesten Erkenntnissen darüber teilhaben möchte, wer und was wir sind, was die Welt ist, die uns umgibt, und auf welche Weise wir in Beziehung zueinander und zu dieser Welt stehen. Der Leser erfährt in einfacher Sprache, was Wissenschaftler bereits wissen und vor welchen Rätseln sie im Hinblick auf den Kosmos, das Quantum, den lebenden Organismus und das menschliche Bewusstsein immer noch stehen. Dann erforscht der Verfasser diese Welt, indem er Fragen stellt, auf die er nun zuversichtliche, wenn auch überraschende Antworten geben kann – Fragen, bei denen es um Ursprünge und Bestimmung des Universums und um Ursprung und Evolution des Lebens und des Bewusstseins geht –, um dann die größten der „großen Fragen" zu stellen: Fragen der Unsterblichkeit, zum Bewusstsein im Kosmos und zu einem Bewusstsein, das eine wissenschaftlich basierte Schau als den Geist Gottes erfassen kann.

Dem Geheimnis der Gedanken auf der Spur

Das Gehirn wächst mit seinen Herausforderungen
Prof. Dr. Gela Weigelt

Paperback, 152 Seiten, 70 farbige Fotos, ISBN 978-3-86616-191-7

Nicht nur die Leber, auch das Gehirn wächst mit seinen Aufgaben und Herausforderungen. Die Neurowissenschaften zeigen uns, wie Gedanken im Gehirn als In-Formationen „entstehen". Die moderne Physik beweist, dass es eine Quantenwelt „hinter" dem Gehirn gibt, in der diese Informationen enthalten sind, und die Spiritualität liefert die zeitlosen Erkenntnisse über die „wahre Natur" der Gedanken. Dieses Buch bietet eine Synthese aus Wissenschaft und Spiritualität. Zahlreiche farbige Bilder erläutern den Text und führen so zu einem tiefen Verständnis des Geheimnisses um die Gedanken, die in unseren Gehirnen auftauchen.

Im Einklang mit der universalen Ordnung

Geistige Gesetze und Lebensweisheiten für den Alltag

Dr. Diethard Stelzl

2. Auflage

Hardcover, 332 Seiten, 90 Graphiken, ISBN 978-3-86616-021-7

Der bekannte Bestseller-Autor Dr. Diethard Stelzl legt mit diesem Buch ein weiteres Resultat seiner tiefgründigen Überlegungen und Erkenntnisse vor. Dieses Buch gibt einen Überblick über Entstehung, Entwicklung und Aufbau der Schöpfung, die Entfaltung der menschlichen Kultur und des menschlichen Bewusstseins sowie die kosmischen Kommunikationssysteme und leitet daraus wichtige geistige Gesetze und kosmische Prinzipien ab, die nach einem „göttlichen Plan" das Sein bestimmen, dem Menschen aber auch die Freiheit geben, im Einklang mit dieser universalen Ordnung seine einzigartige, unverwechselbare Identität zu finden. Dem Leser werden sowohl Einsichten in dieses menschliche Urwissen, die „kosmischen Verkehrsregeln", vermittelt als auch Lebensweisheiten für den Alltag empfohlen, mit deren Hilfe er sein Leben jederzeit ändern, in innerem Gleichgewicht und Harmonie zu anhaltender Gesundheit, Erfolg, Glück und Zufriedenheit aufbauen und gestalten kann. Einleuchtend, in logisch-wissenschaftlicher und verständlicher Weise erklärt dieses Buch die großen kosmischen Zusammenhänge.

Anders von Gott reden

Willigis Jäger

2. Auflage

Hardcover, 120 Seiten, 20 farbige Zenbilder, ISBN 978-3-86616-061-3

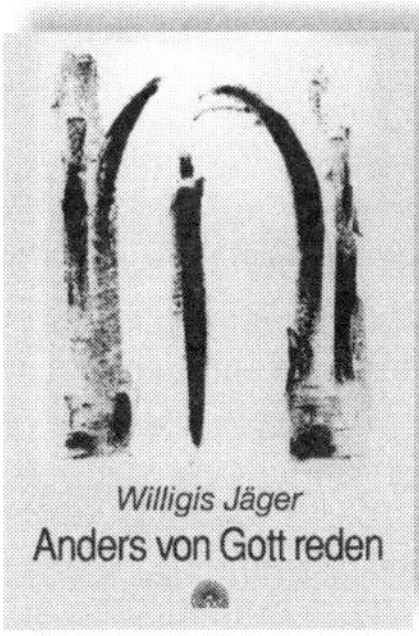

Der charismatische Benediktinermönch und Zen-Meister Willigis Jäger interpretiert in seinem Buch „Anders von Gott reden" biblische Texte, Ereignisse und Personen in einer neuen, ungewohnten Sichtweise als symbolische Darstellungen einer kosmisch-göttlichen Botschaft, die Evolution des Seins und des Lebens, den Menschen und die Natur als Manifestationen Gottes: Gott ist für ihn das Urprinzip, die Urkraft, die sich in jedem Augenblick ereignet, seine Schöpfung ist sein Tanz, der Mensch ein Tanzschritt, eine Welle im Meer des Göttlichen. Die christliche Botschaft wird erweitert und vertieft, christliche Feste wie Weihnachten, Erscheinung des Herrn, Ostern, Maria Himmelfahrt, auch Begriffe wie „Reich Gottes" und „Leid" erhalten durch seine Deutung und Erklärung eine mystisch-spirituelle Dimension, werden als Möglichkeiten zur Wiedergeburt,Auferstehung und Erfahrung des Göttlichen im Menschen gesehen und dargelegt. Wer auf der Suche nach einem tieferen und ganzheitlichen Verständnis seines Christseins ist, für den ist dieses Buch eine Offenbarung. Seine Denkanstöße, seine klare, eindringliche Sprache faszinieren und überzeugen.

Atlas der Weltreligionen

Das Basiswissen

Eckard Wolz-Gottwald

Hardcover, 168 Seiten, 133 Grafiken, ISBN 978-3-86616-181-8

Begegnungen mit anderen Religionen gehören heute zu unserem Alltag. Für einen offenen und fruchtbaren Dialog bildet ein exaktes, wissenschaftlich abgesichertes Basiswissen über die anderen Religionen das Fundament. Der vorliegende Atlas bietet nicht nur Texte, sondern auch zahlreiche grafische Darstellungen, die selbst komplizierte Zusammenhänge einsichtig und verständlich machen. Neben der Darstellung der einzelnen Religionen, deren Geschichte, heilige Schriften, Lehren, Praxis und spirituell-mystische Wege werden auch die Frage nach der Wahrheit gestellt und Möglichkeiten gezeigt, wie das Verhältnis der Religionen zueinander gedacht werden kann.

Die Vision vom göttlichen Menschen

Eine spirituelle Weg-Begleitung in das neue Jahrtausend

Barbara Schenkbier

Paperback, 424 Seiten, 21 ganzseitige Bilder, ISBN 978-3-928632-68-3
Prachtband: Geb., 424 Seiten, Einband Kunstleder mit Goldaufdruck,
21 ganzseitige Bilder, Zweifarbendruck, ISBN 978-3-928632-18-8

Das Buch ist ein umfassendes Standardwerk, das den Durchbruch einer neuen Evolutionsstufe im Bewusstsein des Menschen vorbereiten hilft. Aufbauend auf wissenschaftlichen Erkenntnissen und der mystischen Tradition aller Religionen führt es zu einem tieferen Wissen über das menschliche Bewusstsein, um dann den Weg zum göttlichen Menschen zu beleuchten. Alle wichtigen Schritte werden beschrieben, wesentliche Übungen aus einer neuen Sicht heraus dargestellt und die Transformationsstufe zu einem neuen Bewusstsein geschildert. Beim Lesen und Anwenden der beschriebenen Wahrheiten eröffnet sich dem Leser eine neue Sicht auf den Sinn des Lebens. Alle, die den geistigen Weg beschreiten, werden ihn besser verstehen, ihn bewusster, mutiger und konsequenter weitergehen. Das Buch ist aus der eigenen spirituellen Erfahrung der Autorin heraus geschrieben und eröffnet den Blick in eine Zukunft, die die evolutionäre Schöpferkraft selbst schaffen wird.

Der mystische Weg zu Christus

Andrew Harvey

Hardcover, 304 Seiten, ISBN 978-3-928632-91-1

In diesem Buch nimmt uns einer der berühmtesten religiösen Denker unserer Zeit auf eine Einweihungsreise in das voll erwachsene Christentum mit. Es enthüllt einen Christus, der allen engagierten Christen direkt zugänglich ist und dessen lebendige Botschaft jenseits der Strukturen existiert, die von den Kirchen in seinem Namen geschaffen wurden. Indem er die besten unter den modernen Geschichtsgelehrten und das Zeugnis der größten christlichen Mystiker aller Zeiten verwendet, belebt der Autor und Lehrer Andrew Harvey das revolutionäre Versprechen des frühen Christentums neu und stellt Jesus als den Sohn des Menschen vor: ein von Gott Erfüllter, dessen Ziel die Initiation aller menschlichen Wesen in die Kraft und die Glorie der ihnen innewohnenden Göttlichkeit war, der Sturz aller ungerechten Hierarchien und die Verwandlung der Erde in das Königreich Gottes. Anleitungen und Übungen aus den frühen mystisch-christlichen Traditionen vermitteln lebendige Inspirationen, Christus zu erfahren.

Jesus – der vollkommene spirituelle Mensch

Mysterienweisheit im Johannesevangelium

Konrad Dietzfelbinger

Hardcover, 392 Seiten, ISBN 978-3-86616-084-2

Der Autor sieht in Jesus den vollkommenen spirituellen Menschen, der, vom Heiligen Geist erleuchtet, als Sohn Gottes Vorbild für alle Menschen ist, die die Wahrheit suchen und spirituell nach der Vereinigung mit dem Göttlichen streben. Im Sinne des Evangelisten, der Gott als „Wort" (Logos), „Leben", „Licht" bezeichnet und versteht, interpretiert der Autor in moderner Terminologie ihn als Information, Energie und Bewusstsein, als das Strukturprinzip des Kosmos, und den „Vater", auf den sich Jesus beruft, als „das seelisch-geistige Prinzip, aus dem der irdische Mensch lebt". Der Autor legt dar, wie Jesus in seinen „Wundern" siebenfach Wort, Leben, Licht, Denken, Fühlen, Sehen und Leiblichkeit als spirituelle Matrix in der Menschheit verankert und in seinem Leiden Gewalt, Mächte und Tod überwindet – eine neue, erhellende Sichtweise. Dadurch werden die „Seinen" befähigt, die spirituelle Wahrheit, das „göttliche Lichtbewusstsein" in sich zu erkennen, zu entfalten und dadurch vollkommen zu werden wie Jesus Christus.